世界広布の翼を広げて

Worldwide Kosen-rufu

教学研鑽のために

立正安国論《りっしょうあんこくろん》

第2版

創価学会教学部 編

聖教新聞社

目次

第4段　謗法の元凶《げんきょう》を明かす……86

装幀　株式会社プランク
挿絵　松田和也
松井春子

一、本書は、「立正安国論」を研鑽する一助として、青年部の要請を受けて教学部が編者となって刊行した『世界広布の翼を広げて　教学研鑽のために――立正安国論』の第2版である。

一、御書の引用は、『日蓮大聖人御書全集　新版』（創価学会版）に基づき、ページ数は（新〇〇ページ）と示した。『日蓮大聖人御書全集』（創価学会版、第二七八刷）のページ数は（全〇〇ページ）と示した。

一、法華経の引用は、『妙法蓮華経並開結』（創価学会版、第二刷）を（法華経〇〇ページ）と示した。

一、「池田先生の指針から」の出典は以下の通り。
聖教新聞社刊の『御書と青年』、『御書の世界』第1巻、『御書と師弟』第2巻、『勝利の経典「御書」に学ぶ』第22巻、小説『新・人間革命』第4巻と第37回「ＳＧＩの日」記念提言（聖教新聞２０１２年1月26日付）。

世界広布の翼を広げて
教学研鑽のために

立正安国論

第2版

本抄の背景・大意

「立正安国論《りっしょうあんこくろん》」は、文応《ぶんおう》元年（1260年）7月16日、日蓮大聖人が39歳の時、当時の実質的な最高権力者《けんりょくしゃ》・北条時頼《ほうじょうときより》に提出《ていしゅつ》された「国主諫暁《こくしゅかんぎょう》の書」である。

「諫暁《かんぎょう》」とは「諫《いさ》め暁《さと》す」ことであり、相手の誤《あやま》りを指摘《してき》して迷妄《めいもう》を開き、正しい道に導《みちび》くとの意義《いぎ》がある。

宛先

当時、北条時頼《ほうじょうときより》は執権《しっけん》を辞《や》めて出家《しゅっけ》し、最明寺入道《さいみょうじのにゅうどう》と呼《よ》ばれていたが、得宗《とくそう》（北条氏《ほうじょうし》の家督《かとく》すなわち一家・一族を統括《とうかつ》する者）として幕府《ばくふ》の実権《じっけん》を実質的に握《にぎ》っていた。これが、日蓮大聖人が時頼に対して諫暁《かんぎょう》された理由と考えられる。

本抄の宛先《あてさき》は、直接は北条時頼《ほうじょうときより》であるが、広くいえば社会の指導者全般《ぜんぱん》であると拝《はい》することができる。さらに主権在民《しゅけんざいみん》の現代にあっては、主権者たる「国民一人一人」が「国主《こくしゅ》」であり、本抄の精神《せいしん》を訴《うった》えていくべき対象《たいしょう》となる。

背景

当時は、大地震《おおじしん》・大風《おおかぜ》・洪水《こうずい》などの自然災害《しぜんさいがい》が相次《あいつ》ぎ、深刻《しんこく》な飢饉《ききん》を招《まね》き、加えて疫病《えきびょう》の流《りゅう》行《こう》などが毎年のように続き、人心《じんしん》は乱《みだ》れ、民衆は苦悩《くのう》の底《そこ》にあった。「安国論奥書《あんこくろんおくがき》」に「正嘉元年《しょうかがんねん》　太歳丁巳《たいさいひのとみ》　八月二十三日、戌亥剋《いぬいのこく》の大地震《おおじしん》を見《み》てこれを勘《かんが》う」（新46㌻・全33㌻）とあるように、正嘉元年《しょうかがんねん》（1257年）8月に鎌倉一帯《かまくらいったい》を襲《おそ》った「正嘉の大地震」が、本抄を執筆《しっぴつ》された直接の動機《どうき》である。

この大地震《おおじしん》は前代《ぜんだい》に例《れい》を見ない被害《ひがい》をもたらした。山は崩《くず》れ、家屋《かおく》は倒壊《とうかい》し、地が裂《さ》け、火《か》炎《えん》が噴《ふ》き出《で》たという記録が残っている。そして、大地震の後も余震《よしん》は続《つづ》き、11月にも再《ふたた》び大地震が起《お》きる。さらに、翌年6月には真冬のような冷《ひ》え込《こ》みが続き、8月には鎌倉《かまくら》に大風《おおかぜ》、京都《きょうと》に暴風雨《ぼうふうう》が襲《おそ》い、穀類《こくるい》の被害《ひがい》は甚大《じんだい》であった。10月には鎌倉に大雨による洪水《こうずい》が起こり、民家《みんか》が流失《りゅうしつ》し、多数《たすう》の犠牲者《ぎせいしゃ》が出た。また、諸国《しょこく》に飢饉《ききん》が広がり、疫病《えきびょう》が流行《りゅうこう》するありさまであった。「立正安国論《りっしょうあんこくろん》」提出前《ていしゅつまえ》の4月にも鎌倉で大火《たいか》、6月には大風と洪水があった。

日蓮大聖人御自身《ごじしん》も、この民衆の苦悩《くのう》を目の当《ま》たりにされ、深く心を痛《いた》められた。災難《さいなん》を止《とど》めて民衆を救《すく》う道を探究《たんきゅう》され、誤《あやま》った教えに帰依《きえ》するのを止め、正法を人々の心と社会の支柱《しちゅう》として打《う》ち立《た》てる以外にないことを深く確信《かくしん》された。

大聖人は、その結論を裏付《うらづ》ける経文を確認《かくにん》するため、駿河国《するがのくに》（静岡県中央部《しずおかけん》）の岩本実相寺《いわもとじっそうじ》にあったと伝《つた》えられる一切経《いっさいきょう》を閲覧《えつらん》されたとされる。その後、「立正安国論《りっしょうあんこくろん》」を著《あらわ》し、北条時頼《ほうじょうときより》の側近《そっきん》である宿屋入道《やどやのにゅうどう》を介《かい》して、本抄を提出《ていしゅつ》されたのである。

大 意

10問9答の問答

「立正安国論《りっしょうあんこくろん》」は、客《きゃく》と主人《しゅじん》との10問《もん》9答《とう》の問答形式《もんどうけいしき》で展開《てんかい》され、誤《あやま》った教えに執着《しゅうちゃく》する客に対して、主人は理路整然《りろせいぜん》と真実《しんじつ》を説《と》き示《しめ》していく。

まず、相次《あいつ》ぐ災難《さいなん》を嘆《なげ》く客《きゃく》（＝北条時頼《ほうじょうときより》を想定《そうてい》）の言葉から始まり、それに対し主人《しゅじん》（＝日蓮大聖人を想定）は、人々が正法に背《そむ》き悪法《あくほう》を信じていることに災《わざわ》いの原因があると述《の》べる。

そして、災厄《さいやく》の元凶《げんきょう》として、当時、特に隆盛《りゅうせい》を誇《ほこ》っていた念仏《ねんぶつ》を強く破折《はしゃく》し、「しかず、彼《か》の万祈《ばんき》を修《しゅ》せんよりは、この一凶《いっきょう》を禁ぜんには」（新33ページ・全24ページ）と禁止《きんし》を促《うなが》している。

さらに、このまま謗法《ほうぼう》の教えに執着《しゅうちゃく》していくなら、経典《きょうてん》に説《と》かれる七難《しちなん》のうち、まだ起《お》こっていない自界叛逆難《じかいほんぎゃくなん》と他国侵逼難《たこくしんぴつなん》の二難《になん》が起こると警告《けいこく》し、「汝《なんじ》、早《はや》く信仰《しんこう》の寸心《すんしん》を改《あらた》めて、速《すみ》やかに実乗《じつじょう》の一善《いちぜん》に帰《き》せよ」（新45ページ・全32ページ）と、実乗の一善（妙法）に帰依《きえ》するよう促《うなが》している。最後に客《きゃく》は、謗法《ほうぼう》の教えを捨《す》てて妙法に帰依《きえ》することを誓《ちか》う。この誓いの言葉《ことば》が、そのまま本抄全体の結論となっている。

立正安国《りっしょうあんこく》について

「立正安国《りっしょうあんこく》」とは、「正《しょう》を立《た》て、国《くに》を安《やす》んず」と読《よ》む。「立正」は安国の根本条件《じょうけん》であり、「安国」は立正の根本目的《もくてき》である。

「立正《りっしょう》」とは「正法を立《た》てる」、つまり正法の流布《るふ》であり、一切衆生《いっさいしゅじょう》の成仏《じょうぶつ》を可能《かのう》にする妙法への「信《しん》」を人々の胸中《きょうちゅう》に確立《かくりつ》し、法華経から帰結《きけつ》される生命《せいめい》の尊厳《そんげん》、人間の尊重《そんちょう》という哲理《てつり》を社会の基本《きほん》原理としていくことである。

また「立正《りっしょう》」とは、破邪顕正《はじゃけんせい》でもある。法華経の万人成仏《ばんにんじょうぶつ》・万人平等《びょうどう》の精神《せいしん》に反《はん》する教えは、人間の絆《きずな》の分断《ぶんだん》をもたらす主義《しゅぎ》・思想《しそう》であり、そうした「民衆蔑視《べっし》」の教えは次第《しだい》に人々の心に侵食《しんしょく》し、活力《かつりょく》を奪《うば》っていく。この「悪《あく》」を打《う》ち破《やぶ》る対話によって人々の生命《せいめい》の根源的《こんげんてき》な迷《まよ》いである無明《むみょう》を打《う》ち払《はら》い、正法を社会に確立《かくりつ》することが肝要《かんよう》である。

「立正《りっしょう》」の目的《もくてき》である「安国《あんこく》」、すなわち「国を安《やす》んず」とは、社会の繁栄《はんえい》と世界の平和にほかならない。

日蓮大聖人が示《しめ》された「安国《あんこく》」の「国」とは、単に権力者《けんりょくしゃ》を中心者《ちゅうしんしゃ》とする体制《たいせい》としての「国家」というよりも、むしろ民衆が生活を営《いとな》む場である「国土」を指《さ》している。

本抄における自界叛逆《じかいほんぎゃく》・他国侵逼《たこくしんぴつ》の両難《りょうなん》に対する警告《けいこく》は、悲惨《ひさん》な戦争によって民衆が塗炭《とたん》の苦《くる》しみにあえぐことを、なんとしても回避《かいひ》せねばならないとの大慈悲《だいじひ》の発露《はつろ》であられたと拝《はい》される。

大聖人は、現存《げんそん》する本抄の御真筆《ごしんぴつ》で、「くに」を表現《ひょうげん》する際、「国構《くにがま》え（囗）」に「玉（王《おう》の意《い》）」と書く「国」や、「国構え」に「或（戈《ほこ》を手にして国境《こっきょう》と土地を守《まも》る意《い》）」と書く「國」という字よりも、「国構え」に「民」と書く「囻」の字を多く用《もち》いられている。「囻」は全体の約8割を占《し》めている。

また、この民衆中心の「国」の考え方は、当時の日本に限《かぎ》らず、空間的には全世界へ、時間的には未来永遠《みらいえいえん》に及《およ》ぶものである。

どこまでも民衆《みんしゅう》に同苦《どうく》し、民衆に目を向けるのが大聖人の仏法である。この大聖人が示《しめ》された立正安国《りっしょうあんこく》の実現《じつげん》こそが、創価学会の使命《しめい》である。

後世《こうせい》に託《たく》された平和建設《けんせつ》の精神《せいしん》

日蓮大聖人の生涯《しょうがい》にわたる行動は「立正安国論《りっしょうあんこくろん》に始《はじ》まり、立正安国論に終わる」といわれる。幕府《ばくふ》や既成《きせい》の宗教勢力《せいりょく》からの大聖人に対する迫害《はくがい》が本格化《ほんかくか》するのも、「立正安国論《りっしょうあんこくろん》」の提出《ていしゅつ》が契機《けいき》であった。大聖人の諫暁《かんぎょう》に対して「御尋《おんたず》ねもなく、御用《おんもち》いもなかりし」（新288ページ・全355ページ）、「用《もち》い給《たも》うことなかりし」（新2113ページ・全1412ページ）と仰《おお》せのように、幕府は結果的に黙殺《もくさつ》という態度《たいど》をとった。法然《ほうねん》の念仏《ねんぶつ》を強く破折《はしゃく》する「立正安国論」の提出からほどなく、念仏者たちが大聖人の草庵《そうあん》を襲《おそ》うという迫害（松葉ケ谷《まつばがやつ》の法難《ほうなん》）が起《お》きている。

また、翌《よく》・弘長《こうちょう》元年（1261年）5月、大聖人は幕府《ばくふ》によって伊豆《いず》に流罪《るざい》にされる（弘長3年＝1263年2月に赦免《しゃめん》）。文永《ぶんえい》元年（1264年）11月には、故郷《こきょう》の安房《あわ》で、地頭《じとう》・東条景信《とうじょうかげのぶ》の軍勢《ぐんぜい》に襲撃《しゅうげき》され、同行《どうこう》の門下《もんか》の中に死者が出たうえ、大聖人御自身《ごじしん》も額《ひたい》に傷《きず》を負《お》い、左の手を折《お》られた（小松原《こまつばら》の法難《ほうなん》）。

このように、命《いのち》の危険《きけん》に度々《たびたび》さらされる迫害《はくがい》を受けられても、立正安国《りっしょうあんこく》のために戦う大聖人の覚悟が揺《ゆ》らぐことはなかった。蒙古《もうこ》（＝「蒙古」は歴史的《れきしてき》な呼称《こしょう》で、当時のモンゴル帝国《ていこく》を指《さ》す）からの国書《こくしょ》が到来《とうらい》した文永《ぶんえい》5年（1268年）、大聖人は再《ふたた》び諫暁《かんぎょう》の筆《ふで》を執《と》られる。それが「安国論御勘由来《あんこくろんごかんゆらい》」である。

さらに同年には、時の執権《しっけん》であり北条時頼《ほうじょうときより》の子である時宗《ときむね》や平左衛門尉頼綱《へいのさえもんのじょうよりつな》ら幕府《ばくふ》の要人《ようじん》、極楽寺良観《ごくらくじりょうかん》ら鎌倉《かまくら》の諸大寺《しょだいじ》の僧《そう》ら、あわせて11カ所に書状《しょじょう》を送り（十一通御書《じゅういっつうごしょ》）、公場対決《こうじょうたいけつ》を迫《せま》られた。毅然《きぜん》たる大聖人のお振《ふ》る舞《ま》いに対し、諸宗《しょしゅう》は讒言《ざんげん》（＝うその告《つ》げ口《ぐち》）によって幕府を動《うご》かし、それが文永8年（1271年）の竜《たつ》の口《くち》の法難《ほうなん》・佐渡流罪《さどるざい》という大迫害へとつながっていく。

大聖人が御入滅《ごにゅうめつ》の直前《ちょくぜん》の弘安《こうあん》5年（1282年）9月25日に武蔵国池上《むさしのくにいけがみ》（東京都大田区池上）で、「立正安国論《りっしょうあんこくろん》」を講義《こうぎ》されたと伝《つた》えられている。「立正安国論」こそ、大聖人御自身《ごじしん》が最《もっと》も重要視《じゅうようし》され、諸御抄《しょごしょう》で何度も言及《げんきゅう》された書である。

例《たと》えば「種々御振舞御書《しゅじゅおんふるまいごしょ》」では、「立正安国論《りっしょうあんこくろん》」の諫暁《かんぎょう》と二難《になん》の警告《けいこく》について「白楽天《はくらくてん》が楽府《ふ》にも越《こ》え、仏の未来記《みらいき》にもお《劣》とらず」（新1225ページ・全909ページ）と言われている。

また文応《ぶんおう》元年以降《いこう》の諫暁《かんぎょう》の際にも、「立正安国論《りっしょうあんこくろん》」を添《そ》えられており、さらに後世《こうせい》に残す御《ご》配慮《はいりょ》の上からも、大聖人は「立正安国論」を自《みずか》ら何度も清書《せいしょ》されている。日興上人《にっこうしょうにん》も、大聖人の御書《ごしょ》の十大部《じゅうだいぶ》の第一に挙《あ》げられている。

大聖人の立正安国《りっしょうあんこく》の精神《せいしん》は、700年の時を経《へ》て、創価学会の三代会長の不動《ふどう》の精神《せいしん》として受《う》け継《つ》がれた。

第2次世界大戦《せかいたいせん》の最中《さなか》、初代会長の牧口常三郎《つねさぶろう》先生は、軍部政府《ぐんぶせいふ》の弾圧《だんあつ》と戦い、立正安国《りっしょうあんこく》の信念に殉《じゅん》じて獄死《ごくし》した。

牧口先生と共に投獄《とうごく》され、戦後《せんご》の焼《や》け野原《のはら》に一人立った第2代会長の戸田城聖《じょうせい》先生は、苦悩《くのう》にあえぐ民衆に大仏法を弘《ひろ》め、創価学会を大発展させた。

そして、第3代の池田大作先生は、民衆勢力《せいりょく》の台頭《たいとう》を恐《おそ》れる権力《けんりょく》の魔性《ましょう》による迫害《はくがい》の矢面《やおもて》に立ち、混迷《こんめい》する現代《げんだい》を照《て》らす希望の哲学を世界に拡大《かくだい》した。創価の師弟《してい》の不惜身命《ふしゃくしんみょう》の闘争《とうそう》によって、日蓮仏法は国境《こっきょう》・文化・言語《げんご》の壁《かべ》を超《こ》え、あらゆる人々が信仰《しんこう》する世界宗教《しゅうきょう》として、世界192カ国・地域《ちいき》に広がっているのである。

◆池田先生の指針から（『御書と青年』）

大事なのは民衆です。民衆が根本です。民衆が平和で安穏《あんのん》に暮《く》らせる社会をつくらなければならない。そのためにこそ、「生命尊厳《せいめいそんげん》」「人間尊敬」の思想を厳然《げんぜん》と確立《かくりつ》することです。一人一人の生命は限りなく尊極《そんごく》である。「生命軽視《けいし》」「人間蔑視《べっし》」の風潮《ふうちょう》を断じてはびこらせない。どこまでも「一人を大切にする社会」「万人の幸福を実現する社会」を築く。それが二十一世紀の立正安国《りっしょうあんこく》の実践《じっせん》です。

◇

歴史の闇《やみ》に埋《う》もれていた「立正安国《りっしょうあんこく》の大精神」を現代に生き生きと蘇《よみがえ》らせたのが、大聖人正《せい》統《とう》の創価学会なのです。

立正安国《りっしょうあんこく》の道は平坦《へいたん》ではない。山もあれば、谷もある。迫害《はくがい》の波浪《はろう》が荒《あ》れ狂《くる》う時もあれば、苦難《くなん》の烈風《れっぷう》が吹きつける時もある。ゆえに、途中に何があっても、あきらめず、へこたれず、明るく進み続けることです。

大聖人直結の「師弟不二《していふに》の信心」がある限り、立正安国《りっしょうあんこく》の大理想は必ず実現していくことができる。

◇

立正安国《りっしょうあんこく》は、人類の夢の実現です。悲願《ひがん》の達成です。

若き諸君は、その目標に向かって、一日一日を勝ち進んでほしい。

立正安国《りっしょうあんこく》の実践に徹《てっ》する時、仏の力《ちから》を出すことができる。人間は最《もっと》も強くなれる。

大聖人の立正安国《りっしょうあんこく》の大宣言から七百五十年――。

これほどの晴れ舞台はありません。自分自身の人間革命に挑《いど》みながら、大いなる「正義の勝利の大連帯」を社会に、世界に広げていってもらいたいのです。

第1段　災難《さいなん》の根本原因を明《あ》かす

（新24〜25ページ・全17ページ）

第1章　災難《さいなん》の由来《ゆらい》を質問する

（新24ページ1行目〜25ページ2行目）
（全17ページ1行目〜9行目）

旅客来《りょきゃくきた》って嘆《なげ》いて曰《い》わく、近年《きんねん》より近日《きんじつ》に至《いた》るまで、天変地夭《てんぺんちよう》・飢饉疫癘《ききんえきれい》、あまねく天下《てんか》に満《み》ち、広《ひろ》く地上《ちじょう》に迸《はびこ》る。牛馬巷《ぎゅうばちまた》に斃《たお》れ、骸骨路《がいこつみち》に充《み》てり。死《し》を招《まね》くの輩《ともがら》既《すで》に大半《たいはん》に超《こ》え、悲《かな》しまざるの族《やから》あえて一人《いちにん》も無《な》し。

しかるあいだ、あるいは「利剣即是《りけんそくぜ》（利剣《りけん》は即《すなわ》ちこれなり）」の文《もん》を専《もっぱ》らにして西土教主《さいどきょうしゅ》の名《な》を唱《とな》え、あるいは「衆病悉除《しゅびょうしつじょ》（衆病《しゅびょう》ことごとく除《のぞ》こる）」の願《がん》を持《たも》って東方如来《とうほうにょらい》の経《きょう》を誦《じゅ》し、あるいは「病即消滅《びょうそくしょうめつ》、不老不死《ふろうふし》（病《やまい》は即《すなわ》ち消滅《しょうめつ》して、不老不死《ふろうふし》ならん）」の詞《ことば》を仰《あお》いで法華真実《ほっけしんじつ》の妙文《みょうもん》を崇《あが》め、あるいは「七難即滅《しちなんそくめつ》、七福即生《しちふくそくしょう》（七難《しちなん》は即《すなわ》ち滅《めっ》し、七福《しちふく》は即《すなわ》ち生《しょう》ぜん）」の句《く》を信《しん》じて百座百講《ひゃくざひゃっこう》の儀《ぎ》を調《ととの》え、あるいは秘密真言《ひみつしんごん》の教《きょう》に因《よ》って五瓶《ごびょう》の水《みず》を灑《そそ》ぎ、あるは坐禅入定《ざぜんにゅうじょう》の儀《ぎ》を全《まっと》うして空観《くうがん》の月《つき》を澄《す》まし、もしは七鬼神《しちきじん》の号《な》を書《しょ》して千門《せんもん》に押《お》し、もしは五大力《ごだいりき》の形《かたち》を図《ず》して万戸《ばんこ》に懸《か》け、もしは天神地祇《てんじんちぎ》を拝《はい》して四角四堺《しかくしかい》の祭祀《さいし》を企《くわだ》て、もしは万民百姓《ばんみんひゃくせい》を哀《あわ》れんで国主《こくしゅ》・国宰《こくさい》の徳政《とくせい》を行《おこな》う。

しかりといえども、ただ肝胆《かんたん》を摧《くだ》くのみにして、いよいよ飢疫《きえき》に逼《せ》められ、乞客《こっきゃく》目《め》に溢《あふ》れ、死人《しにん》眼《まなこ》に満《み》てり。臥《ふ》せる屍《かばね》を観《ものみ》となし、並《なら》べる尸《かばね》を橋《はし》と作《な》す。観《おも》んみれば、夫《そ》れ、二《に》離《り》璧《たま》を合《あ》わせ、五《ご》緯《い》珠《たま》を連《つら》ぬ。三宝《さんぼう》世《よ》に在《いま》し、百王《ひゃくおう》いまだ窮《きわ》まらざるに、この世《よ》早《はや》く衰《おとろ》え、その法《ほう》何《なん》ぞ廃《すた》れたる。これいかなる禍《わざわ》いに依《よ》り、これいかなる誤《あやま》りに由《よ》るや。

通解

旅客《りょきゃく》（旅人《たびびと》）が訪《おとず》れて嘆《なげ》いて語る。

数年前から近日《きんじつ》に至《いた》るまで天変地異《てんぺんちい》が天下のいたるところで起《お》き、飢饉《ききん》や疫病《えきびょう》が広く地上を覆《おお》っている。牛馬《ぎゅうば》はいたるところに死んでおり、死骸《しがい》や骨《ほね》は道にあふれている。すでに大半《たいはん》の人々が亡《な》くなり、これを悲《かな》しまない者は一人もない。

　そこで、あるいは「煩悩《ぼんのう》を断《た》ち切《き》る利剣《りけん》とは阿弥陀《あみだ》の名である」（＝中国浄土宗《じょうどしゅう》の善導《ぜんどう》の言葉《ことば》）との文《もん》をただ一筋《ひとすじ》に信じて西方《さいほう》の極楽《ごくらく》浄土《じょうど》の教主《きょうしゅ》（＝阿弥陀仏《あみだぶつ》）の名を唱《とな》え、あるいは「すべての病《やまい》がことごとく治《なお》る」という薬師経《やくしきょう》の文を信じて東方《とうほう》の浄瑠璃世界《じょうるりせかい》の如来《にょらい》（＝薬師如来《やくしにょらい》）の経《きょう》を口《くち》ずさみ、あるいは「病がたちまちのうちに消滅《しょうめつ》して不老不死《ふろうふし》の境涯《きょうがい》を得《え》る」（法華経薬王菩薩本事品《やくおうぼさつほんじほん》第23）という言葉《ことば》を信じて法華経の真実《しんじつ》の経文を崇《あが》め、あるいは「七難《しちなん》がたちまちのうちに滅《めっ》して七福《しちふく》が生《しょう》ずる」（仁王般若経《にんのうはんにゃきょう》）の句《く》を信じて延《の》べ100回にわたり仁王経《にんのうきょう》を講《こう》ずる百座百講《ひゃくざひゃっこう》の儀式《ぎしき》を整《ととの》え、あるいは秘密教《ひみつきょう》である真言《しんごん》の教えによって5色の瓶《かめ》に水を入れて祈禱《きとう》を行《おこな》い、あるいは座禅《ざぜん》によって禅定《ぜんじょう》（＝瞑想《めいそう》）に入《はい》る修行《しゅぎょう》を行って空観《くうがん》にふけり、あるいは七鬼神《しちきじん》の名を書いて門という門に貼《は》り、あるいは国土と万民《ばんみん》を守護《しゅご》するという仁王経の五大力菩薩《ごだいりきぼさつ》の図像《ずぞう》を多くの戸口《とぐち》に掲《かか》げ、あるいは天の神《かみ》と地の神を頼《たの》みにして四角祭《しかくさい》や四境祭《しきょうさい》を催《もよお》し、あるいは国主や地方の長官《ちょうかん》らが万民《ばんみん》・民衆を哀《あわ》れんで徳政《とくせい》を行《おこな》っている。

　しかしながら、ただ心を砕《くだ》くのみで、ますます飢饉《ききん》や疫病《えきびょう》が広がり、物乞《ものご》いをしてさすらう者が目にあふれ、死人《しにん》は至《いた》るところで目に入る。積《つ》み重《かさ》なる屍《しかばね》は物見台《ものみだい》のようであり、並《なら》んだ死体《したい》は橋のようである。

よくよく考えてみると、太陽も月も五星《ごせい》（＝水星《すいせい》・火星《かせい》・木星《もくせい》・金星《きんせい》・土星《どせい》）も、なんの変化《へんか》もなくきちんと運行《うんこう》している。仏法僧《ぶっぽうそう》の三宝《さんぼう》も、世の中に厳然《げんぜん》とあり、また、八幡大《はちまんだい》菩薩《ぼさつ》は100代の王（＝天皇《てんのう》）を守護《しゅご》すると誓《ちか》ったが、その100代にもいたっていないのにこの世は早くも衰《おとろ》えてしまい、その法はどうして廃《すた》れてしまったのか。これはどのような罪《つみ》によるのであり、また、どのような誤《あやま》りによるのだろうか。

解説

第1段は、「旅客《りょきゃく》」が、当時の度重《たびかさ》なる災難《さいなん》によって、社会が悲惨《ひさん》な状況《じょうきょう》になっていることを嘆《なげ》き悲《かな》しみ、それに対してさまざまな対応《たいおう》が行《おこな》われているにもかかわらず、効力《こうりょく》がないことを述《の》べ、どのような理由でこのようなことが起こるのかと、主人《しゅじん》に問《と》い掛《か》けるところから始《はじ》まる（第1章）。これに対し「主人《しゅじん》」は、世の人が皆《みな》、正法に背《そむ》き悪法《あくほう》を信じているために、国土《こくど》を守護《しゅご》すべき善神《ぜんじん》が去《さ》り、その後に悪鬼《あっき》・魔神《まじん》が入《はい》り、それが災難《さいなん》を引き起こしているのであると「災難の根源《こんげん》」を明《あ》かし、「神天上《かみてんじょう》の法門《ほうもん》」を説《と》く（第２章）。

民衆の惨状《さんじょう》を嘆《なげ》く

冒頭《ぼうとう》で客《きゃく》が語《かた》る「近年《きんねん》より近日《きんじつ》に至《いた》るまで……」とは、具体的《ぐたいてき》には、本書執筆《しっぴつ》の直接《ちょくせつ》の動機《どうき》となった正嘉《しょうか》元年（１２５７年）の大地震《おおじしん》から、本書執筆の文応《ぶんおう》元年（１２６０年）に至《いた》るまでの状況《じょうきょう》を示《しめ》されていると考えられる。当時の記録《きろく》を見ても、この時代は、種々《しゅじゅ》の災難《さいなん》が毎年、起《お》こっていたことが分《わ》かる。

続いて「しかるあいだ、あるいは」以下では、こうした災難《さいなん》・惨状《さんじょう》に対して、諸宗《しょしゅう》がさまざまな祈禱《きとう》や方策《ほうさく》を講《こう》じた様を述《の》べられている。また為政者《いせいしゃ》が民衆に米を施《ほどこ》すことなどもあった。これは、慈悲深《じひぶか》い政治が行《おこな》われれば、天がそれに応《こた》え、災《わざわ》いがなくなるとの伝承《でんしょう》によるものである。

こうした諸宗《しょしゅう》の祈禱《きとう》や為政者《いせいしゃ》の努力《どりょく》にもかかわらず、それらが一向《いっこう》に効果《こうか》を上《あ》げていない。むしろ、疫病《えきびょう》はますます猛威《もうい》を振《ふ》るい、物乞《ものご》いをしてさすらう者は増《ふ》え、死人《しにん》はあふれんばかりであり、死体《したい》は積《つ》み重《かさ》なって物見台《ものみだい》のようであり、並《なら》べられて橋のようであると言われている。

災難《さいなん》の根本原因を尋《たず》ねる

「二離璧《にりたま》を合《あ》わせ」とは、太陽と月が平常通《へいじょうどお》り運行《うんこう》し、照《て》らしているとの意《い》である。「五緯珠《ごいたま》を連《つら》ぬ」とは惑星《わくせい》の運行《うんこう》が正常であることを示《しめ》している。「三宝世《さんぼうよ》に在《いま》し」とは、仏教各派《かくは》の信仰《しんこう》が盛《さか》んに行《おこな》われていることを指《さ》し、「百王《ひゃくおう》いまだ窮《きわ》まらざるに」とは、八幡大菩薩《はちまんだいぼさつ》が100代の天皇《てんのう》を守護《しゅご》するとの誓《ちか》いを立てているので、その守護があってしかるべきであるとの意《い》である。

このように世が乱《みだ》れる理由がないにもかかわらず、社会が衰退《すいたい》してしまったのは、どのような誤《あやま》りや過失《かしつ》によるものかとの疑問《ぎもん》が提示《ていじ》される。

この「いかなる誤《あやま》りに由《よ》るや」との疑問《ぎもん》こそ、まさに「立正安国論《りっしょうあんこくろん》」の根本のテーマである。

第2章　災難《さいなん》の根本原因を明《あ》かす

（新25ページ3行目〜9行目）
（全17ページ10行目〜14行目）

主人《しゅじん》曰《い》わく、独《ひと》りこのことを愁《うれ》いて胸臆《くおく》に憤悱《ふんぴ》す。客来《きゃくきた》って共《とも》に嘆《なげ》く。しばしば談話《だんわ》を致《いた》さん。夫《そ》れ、出家《しゅっけ》して道《どう》に入《い》る者《もの》は、法《ほう》に依《よ》って仏《ほとけ》を期《ご》するなり。しかるに、今《いま》、神術《しんじゅつ》も協《かな》わず仏威《ぶつい》も験《しるし》なし。つぶさに当世《とうせい》の体《てい》を観《み》るに、愚《おろ》かにして後生《こうせい》の疑《うたが》いを発《おこ》す。しからば則《すなわ》ち、円覆《えんぷ》を仰《あお》いで恨《うら》みを呑《の》み、方載《ほうさい》に俯《ふ》して慮《うらおも》いを深《ふか》くす。

つらつら微管《びかん》を傾《かたむ》け、いささか経文《きょうもん》を披《ひら》きたるに、世皆正《よみなしょう》に背《そむ》き、人《ひと》ことごとく悪《あく》に帰《き》す。故《ゆえ》に、善神《ぜんじん》は国《くに》を捨《す》てて相去《あいさ》り、聖人《しょうにん》は所《ところ》を辞《じ》して還《かえ》りたまわず。ここをもって、魔来《まきた》り、鬼来《ききた》り、災起《さいお》こり、難起《なんお》こる。言《い》わずんばあるべからず、恐《おそ》れずんばあるべからず。

通解

主人《しゅじん》が言う。

自分も一人でこのことを憂《うれ》い、胸《むね》の中で憤《いきどお》ってもどかしい思いでいた。あなたが来て同じことを嘆《なげ》くので、しばらく、これについて語り合おうと思う。

出家《しゅっけ》して仏道《ぶつどう》に入《はい》る者は、正法によって成《じょう》仏《ぶつ》を期《き》すのである。ところが、今や神術《しんじゅつ》もかなわず、仏の威徳《いとく》に頼《たよ》っても、その効果《こうか》がない。

詳《くわ》しく現在の世のこのありさまを見ると、仏門《ぶつもん》の先学《せんがく》が愚《おろ》かであるので、後学《こうがく》の人々に疑《うたが》いを起《お》こさせている。それゆえ、人々は天《てん》空《くう》を仰《あお》いであふれんばかりの憤《いきどお》りを飲《の》み込《こ》み、俯《うつむ》いて大地に目を落としては深く心を砕《くだ》いているのである。

私の狭《せま》い見識《けんしき》を尽《つ》くし、経文をわずかばかり開いてみたところ、世の人々は皆《みな》、正法に背《そむ》き、ことごとく悪法《あくほう》に帰《き》している。それゆえに、（守護《しゅご》すべき）善神《ぜんじん》は国を捨《す》てて去《さ》ってしまい、聖人《しょうにん》はこの地を去って他の所へ行ったまま帰《かえ》ってこない。そのため、（善神や聖人と入《い》れ代《か》わりに）魔《ま》や鬼神《きじん》がやって来て、災《わざわ》いが起《お》こり、難《なん》が起きているのである。

実《じつ》にこのことは、声を大にして言わなければならないことであり、恐《おそ》れなければならないことである。

解説

ここに明示《めいじ》される災難《さいなん》の根本原因は、本抄全編《ぜんぺん》を貫《つらぬ》く骨格《こっかく》の法理《ほうり》であり、第2段以後は、この法理をより詳《くわ》しく説明したものともいえる。

仏教者の姿勢《しせい》を明《あ》かす

まず主人《しゅじん》は、客《きゃく》の嘆《なげ》きは自身の嘆きでもあることを述《の》べ、客が来たことを機会《きかい》に、その解決《かいけつ》の方途《ほうと》を語り合おうと述《の》べる。

「夫《そ》れ、出家《しゅっけ》して道《どう》に入《い》る者《もの》は、法《ほう》に依《よ》って仏《ほとけ》を期《ご》するなり」とは、出家の目的《もくてき》が仏法を修《しゅ》行《ぎょう》して成仏《じょうぶつ》することにあるということである。

ところが、仏教界の高僧《こうそう》たちが祈《いの》っても、今や「神術《しんじゅつ》」もかなわず、「仏威《ぶつい》」も効果《こうか》がない。

「つらつら微管《びかん》を傾《かたむ》け、いささか経文《きょうもん》を抜《ひら》きたるに」とは、〝自分は見識《けんしき》も学問も浅いが〟という謙遜《けんそん》の言葉《ことば》であるが、それと同時《どうじ》に、判断《はんだん》の規準《きじゅん》とすべき経文に解決《かいけつ》への方途《ほうと》が明確《めいかく》に示《しめ》されているということである。

「神天上《かみてんじょう》の法門《ほうもん》」を示《しめ》す

「世皆正《よみなしょう》に背《そむ》き、人《ひと》ことごとく悪《あく》に帰《き》す。故《ゆえ》に、善神《ぜんじん》は国《くに》を捨《す》てて相去《あいさ》り、聖人《しょうにん》は所《ところ》を辞《じ》して還《かえ》りたまわず。ここをもって、魔来《まきた》り、鬼来《ききた》り、災起《さいお》こり、難起《なんお》こる」とは、災難《さいなん》の根本原因を明《あ》かされた御文《ごもん》である。

この部分は、3つの意《い》に分《わ》かれる。

まず、〝国中が正法に背《そむ》いて邪法《じゃほう》を信じている〟ことが、災難《さいなん》の根本原因であるということである。

次に、この一国謗法《ほうぼう》のために、〝善神《ぜんじん》・聖人《しょうにん》が国を捨《す》て去《さ》ってしまった〟のである。

「善神《ぜんじん》」とは「諸天善神《しょてんぜんじん》」のことで、人々の生命《せいめい》・生活や国土を守《まも》る力《ちから》・働《はたら》きのことをいう。諸天善神《しょてんぜんじん》は、正法の法味《ほうみ》を食《しょく》して威光《いこう》・勢力《せいりょく》を増《ま》して、守護《しゅご》の働《はたら》きを現《あらわ》す。正法が衰退《すいたい》して、その法味《ほうみ》を得ることができないと、諸天《しょてん》は守護《しゅご》の役割《やくわり》を放棄《ほうき》して天界《てんかい》に上《のぼ》ってしまう。これを「神天上《かみてんじょう》の法門《ほうもん》」という。

また「聖人《しょうにん》」とは、正法によって社会の人々を正しい方向《ほうこう》へ導《みちび》く精神的《せいしんてき》な指導者《しどうしゃ》のことである。

誤《あやま》った思想《しそう》が蔓延《まんえん》すれば、聖人《しょうにん》は国を捨《す》て去《さ》ってしまい、人々は、自身と社会の進むべき方向を見失《みうしな》ってしまうことになるのである。

最後に、〝善神《ぜんじん》・聖人《しょうにん》に代《か》わって魔神《まじん》・鬼神《きじん》が来るために、災《わざわ》いが起《お》こり難《なん》が起こる〟とされる。

「魔《ま》」「鬼《き》」とは、生命《せいめい》や国土を破壊《はかい》する働《はたら》きであり、人々の心を狂《くる》わせて邪悪《じゃあく》な考え方、生き方をさせる働《はたら》きである。

結《むす》びの「言《い》わずんばあるべからず、恐《おそ》れずんばあるべからず」は、〝実《じつ》にこの人々を苦《くる》しめる謗法《ほうぼう》の誤《あやま》りは声を大にして言わなければならないことであり、万人《ばんにん》が恐《おそ》れなくてはならないことである〟との意味《いみ》である。

迫害《はくがい》が起《お》こることを覚悟《かくご》で、全人類《ぜんじんるい》の救済《きゅうさい》のために広宣流布の大願《だいがん》に立たれ、国主諫暁《こくしゅかんぎょう》された大聖人のお心が胸《むね》に迫《せま》る御文《ごもん》である。

◆池田先生の指針から（第37回「ＳＧＩの日」記念提言、２０１２年）

仏教経典《きょうてん》の多くが対話や問答《もんどう》によって成立しているように、「立正安国論《りっしょうあんこくろん》」も、権力者《けんりょくしゃ》と仏法者という立場の異《こと》なる両者が対話を通じて議論を深めていく形となっています。

最初は、杖《つえ》を携《たずさ》えて旅をする客人《きゃくじん》（権力者）が主人《しゅじん》（仏法者）のもとを訪《おとず》れ、天変地異《てんぺんちい》が相次ぐ世相《せそう》を嘆《なげ》く場面から始まります。

しかし二人は、災難《さいなん》をただ嘆《なげ》き悲《かな》しんでいるのではない。災難が繰《く》り返される状況を何としても食《く》い止《と》めたいとの「憂《うれ》い」を共有しており、そこに立場の違いを超《こ》えての〝対話の糸口《いとぐち》〟が生まれます。そして始まった対話では、両者が互《たが》いの信念に基《もと》づいた主張を真剣に交《か》わしていく。その中で、客人《きゃくじん》が示す怒《いか》りや戸惑いに対して、主人《しゅじん》がその疑念《ぎねん》を一つずつ解《と》きほぐしながら議論を深めるという、魂《たましい》と魂とのぶつかり合いが織《お》り成《な》す生命のドラマを経て、最後は心からの納得《なっとく》を得た客人が、「唯《ただ》我《わ》が信ずるのみに非《あら》ず又他の誤《あやま》りをも誡《いまし》めんのみ」（全33ページ・新45ページ）と決意を披歴《ひれき》する形で、主人と「誓《ちか》いの共有」を果たす場面で終わっています。

では、対話を通じて両者が見いだした結論は何か。それは、仏典《ぶってん》の精髄《せいずい》である「法華経」で説《と》かれた〝全《すべ》ての人間《ひと》に等しく備《そな》わる無限の可能性〟を信じ抜くことの大切さでした。

つまり、人間は誰しも無限の可能性を内在《ないざい》しており、かけがえのない尊厳《そんげん》を自《みずか》ら輝《かがや》かすことのできる力《ちから》が備《そな》わっている。その尊厳の光《ひかり》が苦悩に沈《しず》む人々の心に希望をともし、立ち上がった人がまた他の人に希望をともすといったように、蘇生《そせい》から蘇生への展転《てんでん》が広がっていく中で、やがて社会を覆《おお》う混迷《こんめい》の闇を打ち払う力となっていく——との確信であります。

第2段　災難《さいなん》の由来《ゆらい》を説《と》く経文を引《ひ》く（新25～28ジペー・全17～20ジペー）

第2段の概要

第2段では、客《きゃく》の求《もと》めに応《おう》じ、災難《さいなん》の由来《ゆらい》の根拠《こんきょ》（文証《もんしょう》）として、四つの経典《きょうてん》（金光明経《こんこうみょうきょう》・大《だい》集経《じっきょう》・仁王経《にんのうきょう》・薬師経《やくしきょう》）を引かれる。

四経《しきょう》はいずれも爾前経《にぜんきょう》であるが、日蓮大聖人は、法華経こそ根本的な真理《しんり》を説《と》いているとの立場《たちば》から、部分的《ぶぶんてき》に真理を説く爾前経の文々句々《もんもんくく》を用《もち》いられている。

これらの経典《きょうてん》には、薬師経《やくしきょう》の七難《しちなん》、仁王経《にんのうきょう》の七難、大集経《だいじっきょう》の三災《さんさい》など、種々《しゅじゅ》の災難《さいなん》が説《と》かれている。「立正安国論《りっしょうあんこくろん》」ではこれらの経典に照《て》らし、正法から離《はな》れ、それを否定《ひてい》する謗法《ほうぼう》を放《ほう》置《ち》すれば、当時まだ起《お》こっていない災難が起こることを具体的《ぐたいてき》に予言《よげん》されていく。

＊第2段で引用される四経《しきょう》

【金光明経《こんこうみょうきょう》】正法を護持《ごじ》する者を、四天王《してんのう》をはじめ諸天善神《しょてんぜんじん》が加護《かご》をするが、国主が正法を護持《ごじ》しなければ、諸天善神が国を捨《す》てるために種々《しゅじゅ》の災難《さいなん》が起《お》こると説《と》かれる。日本では、法華経・仁王経《にんのうきょう》とともに護国三部経《ごこくさんぶきょう》とされた。

【大集経《だいじっきょう》】十方《じっぽう》の仏《ぶつ》・菩薩《ぼさつ》を集《あつ》めて説《と》かれた大乗《だいじょう》の法が収《おさ》められている。60巻。巻24には三災《さんさい》が示《しめ》されている。

【仁王経《にんのうきょう》】正法が滅《めっ》した様相として、多くの悪比丘《あくびく》が出現《しゅつげん》し思想《しそう》が乱《みだ》れて七難《しちなん》が起《お》こることが示《しめ》されている。

【薬師経《やくしきょう》】仏が文殊師利菩薩《もんじゅしりぼさつ》に対して薬師如来《やくしにょらい》の功徳《くどく》を説《と》いた経。七難《しちなん》を示《しめ》し、薬師如来に供養《くよう》すれば、この七難を逃《のが》れ国が安穏《あんのん》になることが説《と》かれている。

第3章　災難《さいなん》の由来《ゆらい》を説《と》く経文を尋《たず》ねる

（新25ページ10行目～11行目）（全17ページ15行目～18ページ1行目）

客曰《きゃくい》わく、天下《てんか》の災《わざわ》い、国中《こくちゅう》の難《なん》、余独《よひと》り嘆《なげ》くのみにあらず、衆皆悲《しゅみなかな》しむ。今蘭室《いまらんしつ》に入《い》って初《はじ》めて芳詞《ほうし》を承《うけたまわ》るに、神聖《じんしょう》去《さ》り辞《じ》し災難並《さいなんなら》び起《お》こるとは、いずれの経《きょう》に出《い》でたるや。その証拠《しょうこ》を聞《き》かん。

通解

客《きゃく》が言う。

天下の災《わざわ》い、国中の困難《こんなん》については、自分一人だけが嘆《なげ》いているのではなく、民衆が皆《みな》、悲《かな》しんでいる。

今、蘭室《らんしつ》（＝芳香《ほうこう》のある乾燥《かんそう》した蘭《らん》〈フジバカマ〉が置《お》かれた部屋、転じて素晴《すば》らしい人格《じんかく》が薫《かお》る人の部屋《へや》）に入《はい》って、初《はじ》めて素晴《すば》らしい言葉《ことば》をうけたまわったが、善神《ぜんじん》や聖人《しょうにん》が国を捨《す》て去《さ》り、災難《さいなん》が次々《つぎつぎ》と起《お》こるということは、どの経文に出ているのか。その証拠《しょうこ》を聞かせていただきたい。

第4章　経文（1）　金光明経《こんこうみょうきょう》

（新1225ページ12行目〜1226ページ7行目）
（全1825ページ2行目〜12行目）

主人曰《しゅじんい》わく、その文繁多《もんはんた》にしてその証弘博《しょうこうはく》なり。

金光明経《こんこうみょうきょう》に云《い》わく「その国土《こくど》において、この経有《きょうあ》りといえども、いまだかつて流布《るふ》せしめず、捨離《しゃり》の心《こころ》を生《しょう》じて聴聞《ちょうもん》せんことを楽《ねが》わず、また供《く》養《よう》・尊重《そんちょう》・讃歎《さんだん》せず。四部《しぶ》の衆《しゅ》・持経《じきょう》の人《ひと》を見《み》て、また尊重乃至供養《そんちょうないしくよう》すること能《あた》わず。ついに、我《われ》らおよび余《よ》の眷属《けんぞく》の無量《むりょう》の諸天《しょてん》をして、この甚深《じんじん》の妙法《みょうほう》を聞《き》くことを得《え》ず、甘露《かんろ》の味《あじ》に背《そむ》き、正法《しょうほう》の流《なが》れを失《うしな》い、威光《いこう》および勢力有《せいりきあ》ることなからしむ。悪趣《あくしゅ》を増長《ぞうちょう》して人天《にんてん》を損減《そんげん》し、生死《しょうじ》の河《かわ》に墜《お》ちて、涅槃《ねはん》の路《みち》に乖《そむ》かん。世尊《せそん》よ。我《われ》ら四王《しおう》ならびに諸《もろもろ》の眷属《けんぞく》および薬叉《やくしゃ》等《とう》、かくのごとき事《じ》を見《み》て、その国土《こくど》を捨《す》てて擁護《おうご》の心無《こころな》けん。ただ我《われ》らのみこの王《おう》を捨棄《しゃき》するにあらず、必《かなら》ず無量《むりょう》の国土《こくど》を守護《しゅご》する諸大善神有《しょだいぜんじんあ》らんも、みな捨《す》て去《さ》らん。既《すで》に捨離《しゃり》し已《お》われば、その国《くに》、当《まさ》に種々《しゅじゅ》の災禍有《さいかあ》って国位《こくい》を喪失《そうしつ》すべし。一切《いっさい》の人衆《にんしゅ》、皆善心無《みなぜんしんな》く、ただ繋縛《けばく》・殺害《さつがい》・瞋諍《しんじょう》のみ有《あ》って、たがいに讒諂《ざんてん》し、枉《ま》げて辜無《つみな》きに及《およ》ぼさん。疫病流行《えきびょうりゅうこう》し、彗星《すいせい》しばしば出《い》で、両日並《りょうじつなら》び現《げん》じ、薄蝕恒無《はくしょくつねな》く、黒白《こくびゃく》の二虹不祥《にこうふしょう》の相《そう》を表《あらわ》し、星流《ほしなが》れ地動《ちうご》き、井《い》の内《うち》に声《こえ》を発《おこ》し、暴雨《ぼうう》・悪風《あくふう》、時節《じせつ》に依《よ》らず、常《つね》に飢饉《ききん》に遭《あ》って苗実成《みょうじつみの》らず、多《おお》く他方《たほう》の怨賊有《おんぞくあ》って国内《こくない》を侵掠《しんりゃく》し、人民《にんみん》は諸《もろもろ》の苦悩《くのう》を受《う》け、土地《とち》に楽《たの》しむところの処有《ところあ》ることなけん」已上《いじょう》。

通解

主人《しゅじん》が言う。

その文は極《きわ》めて多く、その証拠《しょうこ》は大変に幅《はば》広《ひろ》く挙《あ》げられる。

金光明経《こんこうみょうきょう》にはこうある。

「（国王が）その国土において、この経があるとはいえ、いまだかつて流布《るふ》させたことはなく、むしろ捨《す》てて離《はな》れる心を生《しょう》じて聞くことを願《ねが》い求《もと》めず、（経典《きょうてん》を）供養《くよう》したり尊重《そんちょう》したり賛嘆《さんたん》したりすることがない。（正法を信ずる）四衆《ししゅ》（＝比丘《びく》・比丘尼《びくに》・優婆《うば》塞《そく》・優婆夷《うばい》、すなわち出家・在家の男女《だんじょ》）や、経《きょう》典《てん》を持《たも》ち実践《じっせん》する人を見ても、（その人を）尊《そん》重《ちょう》したり供養《くよう》したりすることができない。その結果《けっか》、私たち四天王《してんのう》およびその従者《じゅうしゃ》である無量《むりょう》の諸天《しょてん》は、このはなはだ深い妙法《みょうほう》を聞くことができず、甘露《かんろ》（＝不死《ふし》の妙薬《みょうやく》）の味《あじ》わいから遠《とお》ざけられ、正法の流《なが》れから外《はず》れてしまい、威光《いこう》・勢力《せいりょく》がなくなっている。

それによって、悪趣《あくしゅ》（＝地獄《じごく》・餓鬼《がき》・畜生《ちくしょう》・修羅《しゅら》などの劣悪《れつあく》な境涯《きょうがい》）の衆生の数《かず》が増加《ぞうか》して（善道《ぜんどう》である）人界《にんかい》・天界《てんかい》の衆生の数《かず》が減少《げんしょう》し、生死の迷《まよ》いの河《かわ》に堕《お》ちて（平安な）涅槃《ねはん》の道に背《そむ》いてしまう。

世尊《せそん》よ、私たち四天王《してんのう》ならびに従者《じゅうしゃ》およびヤクシャ（＝古代インドの神話の鬼神）らは、王のこのような振《ふ》る舞《ま》いを見て、その国土を捨《す》てて守《まも》ろうとする心がなくなるだろう。

ただ私たちのみが、この王を捨《す》て去《さ》るのではなく、無量《むりょう》の国土を守護《しゅご》する大善神《だいぜんじん》たちがいても、必《かなら》ず皆《みな》が捨《す》て去《さ》るだろう。

そして捨《す》て去《さ》りきってしまうので、その国はまさに種々《しゅじゅ》の災禍《さいか》があって、国位《こくい》（＝国を治《おさ》める統治者《とうちしゃ》としての地位《ちい》）を喪失《そうしつ》するにちがいない。

一切《いっさい》の民衆は皆《みな》、善心《ぜんしん》がなく、ただ束縛《そくばく》・殺人《さつじん》・危害《きがい》・怒《いか》り・諍《いさか》いばかりがあって、互《たが》いに讒言《ざんげん》したり諂《へつら》ったりし、道理《どうり》を曲《ま》げて罪《つみ》無《な》き人に罪をかぶせるだろう。

疫病《えきびょう》が流行《りゅうこう》し、彗星《すいせい》がしばしば出《で》て、二つの日が並《なら》んで現《あらわ》れ、日食や月食が不規則《ふきそく》に起こり、黒や白の虹《にじ》が不吉《ふきつ》な予兆《よちょう》を表《あらわ》し、星《ほし》が流《なが》れ、地が動《うご》き、井戸《いど》の内《うち》から音《おと》を発《はっ》し、暴《ぼう》雨《う》・悪風《あくふう》が時節《じせつ》によらず起《お》こり、常《つね》に飢饉《ききん》に遭《あ》って苗《なえ》が育《そだ》たず実《み》がならず、外部の敵《てき》の侵《しん》略《りゃく》が多くあって、国内の人民《じんみん》はもろもろの苦《く》悩《のう》を受《う》け、その土地には安楽《あんらく》が得《え》られる所がなくなるだろう」と。

第5章　経文（2）　大集経《だいじっきょう》

大集経《だいじっきょう》に云《い》わく「仏法《ぶっぽう》実に隠没《おんもつ》せば、鬚《ひげ》・髪《かみ》・爪《つめ》皆長《みなが》く、諸法《しょほう》もまた忘《もう》失《しつ》せん。その時《とき》、虚空《こくう》の中《うち》に大《だい》なる声《こえ》あって地《ち》を震《ふる》い、一切皆《いっさいみな》あまねく動《うご》かんこと、なお水上輪《すいじょうりん》のごとくならん。城壁《じょうへき》破《やぶ》れ落《お》ち下《くだ》り、屋宇《おくう》ことごとく圮《やぶ》れ坼《さ》け、樹林《じゅりん》の根《ね》・枝《えだ》・葉《は》・華葉《はなびら》・菓《このみ》・薬《くすり》尽《つ》きん。ただ浄居天《じょうごてん》を除《のぞ》いて、欲界《よっかい》の一切処《いっさいしょ》の七味《しちみ》三精気《さんしょうけ》損減《そんげん》して余《あま》り有《あ》ることなけん。解脱《げだつ》の諸《もろもろ》の善論《ぜんろん》、その時一切尽《ときいっさいつ》きん。生《しょう》ずるところの華菓《はなみ》の味《あじ》わい希少《きしょう》にして、また美《うま》からず。あらゆる井《い》・泉《いずみ》・池《いけ》、一切《いっさい》ことごとく枯涸《こかく》し、土地《とち》ことごとく

（新26ページ8行目〜27ページ1行目）
（全18ページ13行目〜19ページ3行目）

鹹鹵《かんろ》し、敵裂《てきれつ》して丘澗《きゅうかん》と成《な》らん。諸山皆焦燃《しょせんみなしょうねん》して天竜雨《てんりゅうあめ》を降《ふ》らさず。苗稼《みょうけ》も皆枯死《みなこし》し、生《しょう》ずるもの皆死《みなか》れ尽《つ》きて余草《よそう》さらに生《しょう》ぜず。土《つち》を雨《ふ》らし、皆《みな》昏闇《こんあん》にして、日月《にちがつ》も明《みょう》を現《げん》ぜず、四方皆亢旱《しほうみなこうかん》してしばしば諸《もろもろ》の悪瑞《あくずい》を現《げん》じ、十不善業《じゅうふぜんごう》の道《どう》、貪《とん》・瞋《じん》・癡《ち》倍増《ばいぞう》して、衆生《しゅじょう》の、父母《ふぼ》においてこれを観《み》ること獐鹿《しょうろく》のごとくならん。衆生《しゅじょう》および寿命《じゅみょう》・色力《しきりき》・威楽《いらく》減《げん》じ、人天《にんてん》の楽《らく》を遠離《おんり》し、みな悪道《あくどう》に堕《お》ちん。かくのごとき不善業《ふぜんごう》の悪王《あくおう》・悪比丘《あくびく》、我《わ》が正法《しょうほう》を毀壊《きえ》し、天人《てんにん》の道《どう》を損減《そんげん》し、諸天善神《しょてんぜんじん》、王《おう》にして衆生《しゅじょう》を悲愍《ひみん》する者《もの》、この濁悪《じょくあく》の国《くに》を棄《す》ててみな余方《よほう》に向《む》かわん」已上《いじょう》。

通解

大集経《だいじっきょう》にはこうある。

「(難看王《なんかんおう》の時代に)仏法が実際《じっさい》に隠《かく》れ去《さ》ってしまったので、(出家者《しゅっけしゃ》は)鬚《ひげ》・髪《かみ》・爪《つめ》を皆《みな》長く伸《の》ばしたままとし、いろいろな法もまた忘《わす》れられ失《うしな》われてしまった。

その時、大空《おおぞら》に大きな音《おと》が鳴って大地を震《ふる》わせ、一切《いっさい》が皆《みな》あまねく動《うご》き、それはまるで水車《すいしゃ》のようであった。城壁《じょうへき》は破《やぶ》れ落《お》ち、家々《いえいえ》はことごとく壊《こわ》れ裂《さ》け、樹木《じゅもく》の根《ね》・枝《えだ》・葉・花びら・実とそれらの薬効成分《やっこうせいぶん》が尽《つ》きてしまった。

ただ浄居天《じょうごてん》(=天界《てんかい》のうち色界《しきかい》の最上天《さいじょうてん》で、世が滅《ほろ》びる時の大災害《だいさいがい》も及《およ》ばないとされる)を除《のぞ》いて、欲界《よっかい》(=衆生が誤った欲望から六道輪廻《ろくどうりんね》を繰《く》り返《かえ》す苦悩の世界)のあらゆるところの七《しち》味《み》(=甘《あま》い、辛《から》い、酸《す》い、苦《にが》い、鹹《しおから》い、渋《しぶ》い、淡《あわ》い、の7種《しゅ》の味《あじ》)・三精気《さんしょうけ》(=万物生成《ばんぶつせいせい》の力《ちから》とされる三つの力。大地《だいち》の力、個々の生命《せいめい》の力、正法の力)が損《そん》じ減少《げんしょう》し、残《のこ》り余《あま》るところがなくなった。苦悩《くのう》の生死《しょうじ》の輪廻《りんね》から解放《かいほう》するもろもろの善論《ぜんろん》は、その時に一切《いっさい》尽《つ》きてしまった。

生じる花・実《み》は味《あじ》わいが少なく、うすく、またかんばしくない。あらゆる井戸《いど》・泉《いずみ》・池は一切《いっさい》ことごとく枯《か》れ果《は》てて、土地はことごとく塩《しお》をふき、大きくひび割《わ》れて丘《おか》や谷となった。山々は皆《みな》ぼうぼうと燃《も》え、天や竜《りゅう》は雨を降《ふ》らさない。穀物《こくもつ》の苗《なえ》も皆枯《みなか》れ、生《は》えたものは皆枯れてしまって、他《た》の草も一向《いっこう》に生《は》えない。土が降《ふ》って皆暗闇《みなくらやみ》となり、日や月も明《あか》るさを失《うしな》ってしまい、四方《しほう》が皆干《みなかん》ばつとなり、しばしばもろもろの悪瑞《あくずい》を現《げん》じ、十不善《じゅうふぜん》業《ごう》（＝10の悪い行為《こうい》。すなわち、殺生《せっしょう》・偸盗《ちゅうとう》・邪《じゃ》婬《いん》の「身《しん》の三悪《さんあく》」、妄語《もうご》・綺語《きご》・悪口《あっこう》・両舌《りょうぜつ》の「口《く》の四悪《しあく》」、貪欲《とんよく》・瞋恚《しんに》・愚癡《ぐち》の「意の三悪《さんあく》」）を行《おこな》うあり方や貪《むさぼ》り・瞋《いか》り・癡《おろ》かさが倍増《ばいぞう》して、人々が父母を見るさまは（田畑を荒《あ》らす）ノロジカや鹿《しか》に対するようである。衆生の数《かず》とその寿命《じゅみょう》・体力《たいりょく》・威徳《いとく》・安楽《あんらく》は減《へ》り、人界《にんかい》・天界《てんかい》の安楽《あんらく》の境涯《きょうがい》から遠《とお》ざかり、皆悪道《みなあくどう》に堕《お》ちた。

このような悪《わる》い行為《こうい》の悪王《あくおう》・悪僧《あくそう》は、わが正法を破壊《はかい》し、天界《てんかい》・人界《にんかい》の衆生《しゅじょう》の数《かず》を減少《げんしょう》させ、諸天善神《しょてんぜんじん》や、衆生をあわれむべき者である王は、この濁悪《じょくあく》の国を捨《す》てて皆《みな》ことごとく他方《たほう》へ向《む》かってしまうだろう」と。

第6章　経文（3）　仁王経《にんのうきょう》

（新27ページ2行目～7行目）（全19ページ4行目～8行目）

仁王経《にんのうきょう》に云《い》わく「国土《こくど》乱《みだ》れん時《とき》はまず鬼神《きじん》乱《みだ》る。鬼神《きじん》乱《みだ》るるが故《ゆえ》に万民《ばんみん》乱《みだ》る。賊来《ぞくきた》って国《くに》を劫《おびや》かし、百姓亡喪《ひゃくせいもうそう》し、臣《しん》・君《くん》・太子《たいし》・王子《おうじ》・百官《ひゃっかん》、共《とも》に是非《ぜひ》を生《しょう》ぜん。天地《てんち》に怪異《けい》あり。二十八宿《にじゅうはっしゅく》・星道《せいどう》・日月《にちがつ》、時《とき》を失《うしな》い、度《ど》を失《うしな》い、多《おお》く賊起《ぞくお》こること有《あ》らん」。また云《い》わく「我《われ》、今五眼《いまごげん》もて明《あき》らかに三世《さんぜ》を見《み》るに、一切《いっさい》の国王《こくおう》は皆過去《みなかこ》の世《よ》に五百《ごひゃく》の仏《ほとけ》に侍《つか》うるによって帝王主《ていおうしゅ》となることを得《え》たり。ここをもって、一切《いっさい》の聖人《しょうにん》・羅漢《らかん》、しかもために彼《か》の国土《こくど》の中《なか》に来生《らいしょう》して大利益《だいりやく》を作《な》さん。もし王《おう》の福《ふく》尽《つ》きん時《とき》は、一切《いっさい》の聖人《しょうにん》、皆《みな》、ために捨《す》て去《さ》らん。もし一切《いっさい》の聖人《しょうにん》去《さ》らん時《とき》は、七難《しちなん》必《かなら》ず起《お》こらん」已上《いじょう》。

通解

仁王経《にんのうきょう》にはこうある。

「国土が乱《みだ》れようとする時には、まず鬼神《きじん》(=目に見えない超人的《ちょうじんてき》な力《ちから》を有《ゆう》する種々の働《はたら》き)が乱れる。鬼神が乱れるゆえに万民《ばんみん》が乱れる。外敵が来て国を脅《おびや》かし、あらゆる人々が亡《な》くなってしまい、臣下《しんか》・君主《くんしゅ》・太子《たいし》・王子《おうじ》や役人たちは共に激《はげ》しく言い争《あらそ》いをするだろう。天地に異変《いへん》がある。二十八宿《にじゅうはっしゅく》(=古代インドや中国で用《もち》いられた天文説《てんもんせつ》。28の星宿《せいしゅく》〈星座《せいざ》〉を配列《はいれつ》したもの)や星の軌道《きどう》、また日や月は正しい時を失《うしな》ったり常軌《じょうき》を逸《いっ》したりし、外敵がしばしば起《お》こるだろう」と。

また(仁王経《にんのうきょう》に)こうある。

「私(釈尊《しゃくそん》)は今、五眼《ごげん》(=肉眼《にくげん》・天眼《てんげん》・慧《え》眼《げん》・法眼《ほうげん》・仏眼《ぶつげん》)で明《あき》らかに過去・現在・未来の三世《さんぜ》を見てみると、一切《いっさい》の国王は皆《みな》、過《か》去世《こせ》に500の仏に仕《つか》えた功徳《くどく》によって帝《てい》・王《おう》・主君《しゅくん》となることができたのである。そうであるから、一切《いっさい》の聖人《しょうにん》や阿羅漢《あらかん》はその王の国土に生まれ来て人々を利《り》し、救《すく》うだろう。

もし王の福運《ふくうん》が尽《つ》きるような時には、一切《いっさい》の聖人《しょうにん》が皆《みな》、それゆえに捨《す》て去《さ》るだろう。もし一切《いっさい》の聖人が去るような時には七難《しちなん》が必《かなら》ず起《お》こるだろう」と。

第7章　薬師経《やくしきょう》の七難《しちなん》を示《しめ》す

（新1927ページ8行目〜9行目）
（全19ページ9行目〜10行目）

薬師経《やくしきょう》に云《い》わく「もし刹帝利《せっていり》・灌頂王《かんじょうおう》等《とう》、災難《さいなん》起《お》こらん時《とき》、いわゆる人《にん》衆疾疫《しゅしつえき》の難《なん》、他国侵逼《たこくしんぴつ》の難《なん》、自界叛逆《じかいほんぎゃく》の難《なん》、星宿変怪《しょうしゅくへんげ》の難《なん》、日月薄蝕《にちがつはくしょく》の難《なん》、非時風雨《ひじふうう》の難《なん》、過時不雨《かじふう》の難《なん》なり」已上《いじょう》。

通解

薬師経《やくしきょう》にはこうある。

「もしクシャトリヤ（＝王族階級《おうぞくかいきゅう》）や灌頂《かんじょう》（＝頭に水を注ぐ）を受けて正式に王位《おうい》についた者たちの誤《あやま》りに起因《きいん》する災難《さいなん》が起《お》こるような時には、いわゆる、①人衆疾疫難《にんしゅしつえきなん》（人々が疫《えき》病《びょう》に襲《おそ》われる難《なん》）②他国侵逼難《たこくしんぴつなん》（他国から侵略《しんりゃく》される難）③自界叛逆難《じかいほんぎゃくなん》（国内で叛乱《はんらん》が起こる難）④星宿変怪難《しょうしゅくへんげなん》（星々《ほしぼし》が異変《いへん》を起こす難）⑤日月薄蝕難《にちがつはくしょくなん》（日・月がかげったり蝕《しょく》したりする難）⑥非時風雨難《ひじふううなん》（季節外《きせつはず》れの風雨が起こる難）⑦過時不雨難《かじふうなん》（季節になっても雨が降《ふ》らず干《かん》ばつになる難）という災難が起こるだろう」と。

第8章　仁王経《にんのうきょう》の七難《しちなん》を示《しめ》す

（新27ページ10行目〜28ページ7行目）
（全19ページ11行目〜20ページ4行目）

仁王経《にんのうきょう》に云《い》わく「大王《だいおう》よ。吾《わ》が今化《いまけ》するところ、百億《ひゃくおく》の須弥《しゅみ》、百億《ひゃくおく》の日《にち》月《がつ》あり。一々《いちいち》の須弥《しゅみ》に四天下《してんげ》有《あ》り。その南閻浮提《なんえんぶだい》に十六《じゅうろく》の大国《だいこく》、五百の中《ちゅう》国《こく》、十千《じゅうせん》の小国《しょうこく》有《あ》り。その国土《こくど》の中《なか》に七《なな》つの畏《おそ》るべき難《なん》有《あ》り。一切《いっさい》の国《こく》王《おう》、これを難《なん》となすが故《ゆえ》に。いかなるを難《なん》となす。日月度《にちがつど》を失《うしな》い、時節《じせつ》返《ほん》逆《ぎゃく》し、あるいは赤日出《しゃくにちい》で、黒日出《こくにちい》で、二《に》・三《さん》・四《し》・五《ご》の日出《ひい》で、あるいは日蝕《ひしょく》して光無《ひかりな》く、あるいは日輪一重《にちりんいちじゅう》、二《に》・三《さん》・四《し》・五重《ごじゅう》の輪現《りんげん》ずるを一《いち》の難《なん》となすなり。二十八宿度《にじゅうはっしゅくど》を失《うしな》い、金星《きんせい》・彗星《すいせい》・輪星《りんせい》・鬼星《きせい》・火星《かせい》・水《すい》星《せい》・風星《ふうせい》・刀星《とうせい》・南斗《なんじゅ》・北斗《ほくと》・五鎮《ごちん》の大星《たいせい》・一切《いっさい》の国主星《こくしゅせい》・三公星《さんこうせい》・百官《ひゃっかん》星《せい》、かくのごとき諸星《しょせい》、各々変現《おのおのへんげん》するを二《に》の難《なん》となすなり。大火《たいか》国《くに》を焼《や》き、万姓焼尽《ばんせいしょうじん》せん。あるいは鬼火《きか》・竜火《りゅうか》・天火《てんか》・山神火《さんじんか》・人火《にんか》・樹木火《じゅもくか》・賊火《ぞくか》あらん。かくのごとき変怪《へんげ》を三《さん》の難《なん》となすなり。大水百姓《たいすいひゃくせい》を漂没《ひょうもつ》し、時節返逆《じせつほんぎゃく》して、冬雨《ふゆあめふ》り、夏雪《なつゆき》ふり、冬時《とうじ》に雷電辟礰《らいでんへきれき》あり。六月《ろくがつ》に氷《こおり》・霜《しも》・雹《ひょう》を雨《ふ》らし、赤水《しゃくすい》・黒水《こくすい》・青水《しょうすい》を雨《ふ》らし、土山《どせん》・石山《しゃくせん》を雨《ふ》らし、沙《すな》・礫《つぶて》・石《いし》を雨《ふ》らす。江河《こうが》逆《さか》さまに流《なが》れ、山《やま》を浮《う》かべ、石《いし》を流《なが》す。かくのごとき変《へん》の時《とき》を四《し》の難《なん》となすなり。大風万姓《だいふうばんせい》を吹《ふ》き殺《ころ》し、国土《こくど》の山河《さんが》・樹木《じゅもく》、一時《いちじ》に滅没《めつもつ》し、非時《ひじ》の大風《だいふう》・黒風《こくふう》・赤風《しゃくふう》・青風《しょうふう》・天風《てんぷう》・地風《じふう》・火風《かふう》・水風《すいふう》あらん。かくのごとき変《へん》を五《ご》の難《なん》となすなり。天地《てんち》・国土亢陽《こくどこうよう》し、炎火洞然《えんかどうねん》して百草亢旱《ひゃくそうこうかん》し、五穀登《ごこくみの》らず、土地赫燃《とちかくねん》して万姓滅尽《ばんせいめつじん》せん。かくのごとき変《へん》の時《とき》を六《ろく》の難《なん》となすなり。四方《しほう》の賊来《ぞくきた》って国《くに》を侵《おか》し、内外《ないげ》の賊起《ぞくお》こり、火《か》賊《ぞく》・水賊《すいぞく》・風賊《ふうぞく》・鬼賊《きぞく》あって百姓荒乱《ひゃくせいこうらん》し、刀兵《とうひょう》の劫起《こうお》こらん。かくのごとき怪《け》の時《とき》を七《しち》の難《なん》となすなり」。

通解

仁王経《にんのうきょう》にはこうある。

「大王（波斯匿王《はしのくおう》）よ。私（釈尊《しゃくそん》）が今、教《きょう》化《け》しているのは、百億《ひゃくおく》の須弥山《しゅみせん》、百億《ひゃくおく》の日月《にちがつ》の範囲《はんい》におよぶ。その一つ一つの須弥山にそれぞれ四つの大陸がある。そのうち南の閻浮《えんぶ》提《だい》には、16の大国《たいこく》、５００の中国《ちゅうこく》、１万の小《しょう》国《こく》がある。その国土の中に七つの恐《おそ》るべき災《さい》難《なん》がある。一切《いっさい》の国王は、これらを災難とする。〈中略〉どのようなことを災難とするのか。日（太陽）や月は異変《いへん》を生《しょう》じ、季節が逆《ぎゃっ》行《こう》したり、赤い日が出て、黒い日が出て、2・3・4・5の日が出たり、日が蝕《しょく》して光《ひかり》がなかったり、日に1重《じゅう》、2・3・4・5重の輪《わ》が現《あらわ》れたりするのを第1の難《なん》とする（①日月失度《にちがつしつど》難）。

二十八宿《にじゅうはっしゅく》が不規則《ふきそく》となり、金星《きんせい》・彗星《すいせい》・輪《りん》星《せい》・鬼星《きせい》・火星《かせい》・水星《すいせい》・風星《ふうせい》・刀星《とうせい》・南斗《なんじゅ》・北斗《ほくと》（＝北斗七星）・五つの惑星《わくせい》（＝木星《もくせい》・火《か》星《せい》・金星《きんせい》・水星《すいせい》・土星《どせい》）・一切《いっさい》の国主星《こくしゅせい》・三公《さんこう》星《せい》・百官星《ひゃっかんせい》、このようなもろもろの星が、それぞれ変異《へんい》を示《しめ》すのを第2の難《なん》とする（②星《しょう》宿失度難《しゅくしつどなん》）。

大火《たいか》が国土を焼《や》き、万民《ばんみん》を焼き尽《つ》くしてしまうだろう。あるいは鬼火《きか》・竜火《りゅうか》・天火《てんか》・山《さん》神火《じんか》・人火《にんか》・樹木火《じゅもくか》・賊火《ぞくか》があるだろう。このような異変《いへん》を第3の難《なん》とする（③災火難《さいかなん》）。

大水《おおみず》が多くの人々を漂流《ひょうりゅう》・沈没《ちんぼつ》させ、季節《きせつ》が逆行《ぎゃっこう》し、冬に雨が降《ふ》り夏に雪が降り、冬季《とうき》に稲妻《いなずま》が走り雷《かみなり》が鳴る。真夏の（旧暦）6月に氷《こおり》・霜《しも》・雹《ひょう》が降り、赤い水、黒い水、青い水が降り、土や石が山のように降り、砂《すな》・礫《れき》・石が降る。大河《たいが》が逆流し、山を浮《う》かべ、石を流《なが》す。このような異変《いへん》の時を第4の難《なん》とする（④雨水難《うすいなん》）。

大風《おおかぜ》が万民《ばんみん》を吹《ふ》き殺《ころ》し、国土の山河《さんが》・樹木《じゅもく》は一時《いちじ》に埋《う》もれてしまい、季節外《きせつはず》れの大風《おおかぜ》・黒い風・赤い風・青い風・天風《てんぷう》・地風《じふう》・火《か》風《ふう》・水風《すいふう》が吹《ふ》く。このような異変《いへん》を第5の難《なん》とする（⑤悪風難《あくふうなん》）。

天地・国土をひどい日照《ひで》りが襲《おそ》い、火炎《かえん》が燃《も》え盛《さか》り、百草《ひゃくそう》が枯《か》れ果《は》てて五穀《ごこく》が実《みの》らず、土地が真っ赤に燃えて万民《ばんみん》が滅《ほろ》び去《さ》ってしまう。このような異変《いへん》の時を第6の難《なん》とする（⑥亢陽難《こうようなん》）。

四方《しほう》の外敵が来て国を侵略《しんりゃく》し、国内外で賊《ぞく》が起《お》こり、火賊《かぞく》・水賊《すいぞく》・風賊《ふうぞく》・鬼賊《きぞく》があって人々が荒《すさ》み乱《みだ》れ、戦乱《せんらん》の時代となる。このような異変《いへん》の時を第7の難《なん》とする（⑦悪賊《あくぞく》難《なん》）」と。

第9章　大集経《だいじっきょう》の三災《さんさい》を挙《あ》げる

（新2028ジペー8行目〜1014行目）
（全ジペー4行目〜1014行目）

大集経《だいじっきょう》に云《い》わく「もし国王有《こくおうあ》って、無量世《むりょうせ》において施《せ》・戒《かい》・慧《え》を修《しゅ》すとも、我《わ》が法《ほう》の滅《めっ》せんを見《み》て、捨《す》てて擁護《おうご》せずんば、かくのごとく種《う》うるところの無量《むりょう》の善根《ぜんこん》ことごとく滅失《めっしつ》して、その国当《くにまさ》に三《みっ》つの不祥《ふしょう》のこと有《あ》るべし。一《いち》には穀貴《こっき》、二《に》には兵革《ひょうかく》、三《さん》には疫病《えきびょう》なり。一切《いっさい》の善神《ぜんじん》ことごとくこれを捨離《しゃり》せば、その王教令《おうきょうれい》すとも、人随従《ひとずいじゅう》せず。常《つね》に隣国《りんごく》の侵嬈《しんにょう》するところとならん。暴火横《ぼうかよこ》しまに起《お》こり、悪風雨《あくふうう》多《おお》く、暴水増長《ぼうすいぞうちょう》して人民《にんみん》を吹《ふ》き漂《ただよ》わし、内外《ないげ》の親戚《しんせき》それ共《とも》に謀叛《むほん》せん。その王久《おうひさ》しからずして当《まさ》に重病《じゅうびょう》に遇《あ》い、寿終《いのちお》わるの後《のち》、大地獄《だいじごく》の中《なか》に生《しょう》ずべし 乃至《ないし》 王《おう》のごとく、夫人《ふじん》・太子《たいし》・大臣《だいじん》・城主《じょうしゅ》・柱師《ちゅうし》・郡守《ぐんしゅ》・宰官《さいかん》もまたかくのごとくならん」已上《いじょう》。

通解

大集経《だいじっきょう》にはこうある。

「もし国王がいて、過去世で無量《むりょう》の生《せい》にわたり布施《ふせ》・持戒《じかい》・智慧《ちえ》の実践《じっせん》を行《おこな》っても、私(釈尊《しゃくそん》)の法が滅《めっ》しようとするのを見ていながら、捨《す》て置《お》いて守《まも》ろうとしないなら、このように種をまいた無量《むりょう》の善根《ぜんこん》はことごとく失われ、その国にはきっと三つの良からぬことがあるにちがいない。

1には穀貴《こっき》(＝飢饉《ききん》による穀物《こくもつ》の高騰《こうとう》)、2には兵革《ひょうかく》(＝戦乱《せんらん》)、3には疫病《えきびょう》である。一切《いっさい》の善神《ぜんじん》がことごとくこれを捨《す》てて離《はな》れてしまえば、その王が命令《めいれい》しても、人々が従《したが》うことはない。常に隣国《りんごく》に侵略《しんりゃく》されるだろう。激《はげ》しい火災《かさい》がむやみに起《お》こり、ひどい風雨が多く、激《はげ》しい水害《すいがい》が増《ふ》えて人民を吹《ふ》き漂《ただよ》わせ、内外の親戚《しんせき》(＝内親《ないしん》・外戚《がいせき》)も共に反逆《はんぎゃく》する。その王は久《ひさ》しからずしてきっと重病《じゅうびょう》に遭《あ》い、寿命《じゅみょう》が終わった後には大地獄《だいじごく》の中に生まれるにちがいない。〈中略〉王と同様《どうよう》に、夫人《ふじん》・太子《たいし》・大臣《だいじん》・城主《じょうしゅ》（都市の首長《しゅちょう》）・柱師《ちゅうし》（村長《そんちょう》・将軍《しょうぐん》）・郡守《ぐんしゅ》（郡の首長）・宰官《さいかん》（官吏《かんり》）たちもまたそのようになるだろう」と。

第10章　四経《しきょう》の文《もん》により災難《さいなん》の由来《ゆらい》を結論する

（新28ページ15行目～17行目）（全20ページ11行目～13行目）

夫《そ》れ、四経《しきょう》の文朗《もんあき》らかなり。万人誰《ばんにんたれ》か疑《うたが》わん。しかるに、盲瞽《もうこ》の輩《やから》、迷惑《めいわく》の人《ひと》、みだりに邪説《じゃせつ》を信《しん》じて正教《しょうぎょう》を弁《わきま》えず。故《ゆえ》に、天下世上《てんかせじょう》、諸仏《しょぶつ》・衆経《しゅきょう》において捨離《しゃり》の心《こころ》を生《しょう》じて擁護《おうご》の志《こころざし》無《な》し。よって、善神《ぜんじん》・聖人《しょうにん》、国《くに》を捨《す》て所《ところ》を去《さ》る。ここをもって、悪鬼《あっき》・外道《げどう》、災《わざわ》いを成《な》し、難《なん》を致《いた》す。

通解

そもそも、四つの経の文《もん》はこのように明《あき》らかである。万人《ばんにん》は誰《だれ》が疑《うたが》うだろうか。

それなのに、目を閉《と》ざした輩《やから》、迷《まよ》い惑《まど》う人は、みだりに邪《よこしま》な説《せつ》を信じて正しい教えをわきまえない。ゆえに、この国のすべての人は、もろもろの仏とその多くの経に対して、捨《す》てて離《はな》れる心を生《しょう》じて、守《まも》ろうとする志《こころざし》がない。そこで、善神《ぜんじん》・聖人《しょうにん》は国を捨《す》ててそのもとを去《さ》る。その結果《けっか》、悪鬼《あっき》や仏教を否定《ひてい》する外道《げどう》が災《わざわ》いをなし、困難《こんなん》を招《まね》き寄《よ》せるのである。

第3段　謗法《ほうぼう》が亡国《ぼうこく》の原因であることを明《あ》かす

（新29〜30ページ・全20〜21ページ）

第11章　仏法が栄《さか》えていることから反論《はんろん》する

（新29ページ1行目〜5行目）
（全20ページ14行目〜17行目）

客色《きゃくいろ》を作《な》して曰《い》わく、後漢《ごかん》の明帝《めいてい》は金人《きんじん》の夢《ゆめ》を悟《さと》って白馬《はくば》の教《きょう》を得《え》、上宮太子《じょうぐうたいし》は守屋《もりや》の逆《ぎゃく》を誅《ちゅう》して寺塔《じとう》の構《かま》えを成《な》す。それより来《このかた》、上一人《かみいちにん》より下《しも》万民《ばんみん》に至《いた》るまで、仏像《ぶつぞう》を崇《あが》め経巻《きょうがん》を専《もっぱ》らにす。しからば則《すなわ》ち、叡山《えいざん》・南《なん》都《と》・園城《おんじょう》・東寺《とうじ》、四海一州《しかいいっしゅう》・五畿七道《ごきしちどう》、仏経《ぶっきょう》は星《ほし》のごとく羅《つら》なり、堂宇《どうう》は雲《くも》のごとく布《し》けり。鶖子《しゅうし》の族《やから》は則《すなわ》ち鷲頭《じゅとう》の月《つき》を観《かん》じ、鶴勒《かくろく》の流《なが》れはまた鶏《けい》足《そく》の風《ふう》を伝《つた》う。誰《たれ》か一代《いちだい》の教《きょう》を褊《さみ》し三宝《さんぼう》の跡《あと》を廃《はい》すと謂《い》わんや。もしその証有《しょうあ》らば、委《くわ》しくその故《ゆえ》を聞《き》かん。

通解

客《きゃく》は顔色《かおいろ》を変えて問い返した。

中国・後漢《ごかん》の明帝《めいてい》は金色《こんじき》に輝《かがや》く人が庭《にわ》に飛《ひ》行《こう》するという夢を見て、その意味が聖人《しょうにん》の出《しゅつ》現《げん》を表《あらわ》していると知り、その教えを西方《さいほう》に求《もと》めて白馬《はくば》によって伝《つた》えられた仏教を得《え》、（わが国においては）聖徳太子《しょうとくたいし》が、仏教に反対《はんたい》する物《もの》部守屋《べのもりや》の反逆《はんぎゃく》を処罰《しょばつ》して寺塔《じとう》を建立《こんりゅう》したのである。

それ以来、上《かみ》は国王一人《いちにん》から下《しも》は万民《ばんみん》に至《いた》るまで、仏像《ぶつぞう》を崇《あが》め、ひたすら経巻《きょうがん》をひもとき読誦してきた。そうであるから、比叡山《ひえいざん》（＝延暦寺《えんりゃくじ》）・南都《なんと》（＝奈良《なら》）の諸寺《しょじ》・園城寺《おんじょうじ》・東寺《とうじ》をはじめとして、四海《しかい》に囲《かこ》まれた日本一国《いっこく》、五畿《ごき》（＝京都《きょうと》を中心とした5カ国）・七道《しちどう》（＝五畿《ごき》以外の7方面《ほうめん》）のいたるところに、仏の経典《きょうてん》は星のように無数《むすう》に連《つら》なり、寺院《じいん》は雲のようにたくさん立ち並んでいる。

鷲子《しゅうし》（＝舎利弗《しゃりほつ》）の流《なが》れをくむ人々は、霊鷲山《りょうじゅせん》に出る月を観想《かんそう》し、あるいは鶴勒《かくろく》（＝付法《ふほう》蔵第《ぞうだい》22祖《そ》）をはじめとする付法蔵《ふほうぞう》の流《なが》れをくむ者は、鶏足山《けいそくせん》で禅定《ぜんじょう》に入った迦葉《かしょう》以来《いらい》の伝《でん》統《とう》を今日《こんにち》まで伝《つた》えている。

（それなのに、今あなたが言ったように）釈尊《しゃくそん》一代《いちだい》の教《おし》えを卑《いや》しめ、仏法僧《ぶっぽうそう》の三宝《さんぽう》を絶《た》やしたと誰《だれ》が言えるだろうか。もし、その証拠《しょうこ》があるなら、あなたがそのように言う理由《りゆう》を詳《くわ》しく聞きたいと思う。

解説

第3段では、災難《さいなん》の根本原因である誹謗《ひぼう》正法が国中に蔓延《まんえん》するのは、「悪僧《あくそう》」によることを、法華経・涅槃経《ねはんぎょう》・仁王経《にんのうきょう》を引いて明《あき》らかにされる。

まず客《きゃく》が、日本における仏教は、伝来《でんらい》して以来、為政者《いせいしゃ》から民衆に至《いた》るまで厚《あつ》く尊崇《そんすう》されており、今も、多数の寺院《じいん》が国中に建立《こんりゅう》され、仏像《ぶつぞう》・経典《きょうてん》も数多く流布《るふ》し、多くの僧《そう》によって仏道修行《ぶつどうしゅぎょう》も盛《さか》んに行《おこな》われている、などの事実を挙《あ》げる。

そして、この実態《じったい》を見れば、人々が釈尊一代《しゃくそんいちだい》の教《おし》えを破《やぶ》り汚《けが》し、仏法僧《ぶっぽうそう》の三宝《さんぼう》を絶《た》やしたことで、仏法が隠没《おんもつ》してしまったなどと誰《だれ》が言えるだろうかと主人《しゅじん》に詰《つ》め寄《よ》るのである

第12章　世の中の人々が法の正邪《せいじゃ》を知らないことを示《しめ》す

（新2029ページ6行目〜8行目）
（全21ページ18行目〜21ページ1行目）

主人喩《しゅじんさと》して曰《い》わく、仏閣甍《ぶっかくいらか》を連《つら》ね、経蔵軒《きょうぞうのき》を並《なら》べ、僧《そう》は竹葦《ちくい》のごとく、侶《りょ》は稲麻《とうま》に似《に》たり。崇重年旧《すうちょうとしふ》り尊貴《そんき》日《ひ》に新《あら》たなり。ただし、法師《ほっし》は諂曲《てんごく》にして人倫《じんりん》を迷惑《まよ》わせ、王臣《おうしん》は不覚《ふかく》にして邪正《じゃしょう》を弁《わきま》うることなし。

通解

主人《しゅじん》は、これを諭《さと》して言う。

仏像を安置する寺院《じいん》は瓦《かわら》を連《つら》ね、経典《きょうてん》を納《おさ》

める経蔵《きょうぞう》も軒《のき》を並《なら》べ、また僧侶《そうりょ》も、まるで竹や葦《あし》、稲《いね》や麻《あさ》のようにたくさんいる。人々が仏教を崇重《すうちょう》するようになってすでに年久《としひさ》しく、しかもこれを尊《とうと》ぶ心は日々新《あら》たに起《お》こされている。

しかしながら現在、僧侶《そうりょ》の心は、媚《こ》び諂《へつら》う心が強く、人々を迷《まよ》わせ、また国王や臣下《しんか》たちは仏法に無知《むち》なため、僧《そう》や法の正邪《せいじゃ》をわきまえていないのである。

解説

客《きゃく》が「仏教が栄《さか》えている」とする根拠《こんきょ》は、寺院《じいん》や経蔵《きょうぞう》などの建造物《けんぞうぶつ》や袈裟《けさ》を着た僧侶《そうりょ》の数の多さである。ここには、宗教を無分別《むふんべつ》に同一視《どういつし》する日本人の典型的《てんけいてき》な宗教観《しゅうきょうかん》が表《あらわ》れている。

しかし、主人《しゅじん》が指摘《してき》するのは、そうした外面《がいめん》ではなく、心・内実《ないじつ》である。この点で、当時の日本の仏教をどのように捉《とら》えるかで、主人《しゅじん》と客《きゃく》の見解《けんかい》が食《く》い違《ちが》っている。

権力《けんりょく》に諂《へつら》う修羅《しゅら》の本性《ほんしょう》

主人《しゅじん》は、仏法に無知《むち》な悪僧《あくそう》と為政者《いせいしゃ》が結託《けったく》して、人々を謗法《ほうぼう》に向かわせると指摘《してき》する。

「ただし、法師《ほっし》は諂曲《てんごく》にして人倫《じんりん》を迷惑《まよ》わせ」とあるのは、当時の諸宗《しょしゅう》の悪僧《あくそう》について述《の》べられたものである。「諂曲」とは、自分の意思《いし》を曲《ま》げて、媚《こ》び諂《へつら》うことをいう。つまり、弱者《じゃくしゃ》にはおごり高ぶり、強者《きょうしゃ》には諂う修羅《しゅら》の本性《ほんしょう》を指《さ》す。

日蓮大聖人の御在世《ございせ》当時も、諸宗《しょしゅう》の悪僧《あくそう》たちは、朝廷《ちょうてい》や幕府《ばくふ》の有力者《ゆうりょくしゃ》など、財力《ざいりょく》・権力《けんりょく》のある在家の者に諂《へつら》い、名聞名利《みょうもんみょうり》の追求《ついきゅう》に終始《しゅうし》していた。

「人倫《じんりん》を迷惑《まよ》わせ」とは、人々の幸福を求《もと》める心、正法を求《もと》める心を惑《まど》わして、誤《あやま》った方向《ほうこう》に導《みちび》いていることをいう。

また、こうした僧《そう》を重《おも》んじている王臣《おうしん》らについては、「不覚《ふかく》にして邪正《じゃしょう》を弁《わきま》うることなし」と仰《おお》せである。「王臣」とは、幕府《ばくふ》の要人《ようじん》たちを念頭《ねんとう》においての仰せであり、「不覚」とは、この場合、仏法の正邪《せいじゃ》について無認識《むにんしき》、無自覚《むじかく》、無知《むち》であることを言われている。

第13章　仁王経《にんのうきょう》などによって悪侶《あくりょ》を明《あ》かす

（新129ページ9行目～13行目）
（全212ページ1行目～5行目）

仁王経《にんのうきょう》に云《い》わく「諸《もろもろ》の悪比丘《あくびく》は、多《おお》く名利《みょうり》を求《もと》め、国王《こくおう》・太子《たいし》・王子《おうじ》の前《まえ》において、自《みずか》ら破仏法《はぶっぽう》の因縁《いんねん》、破国《はこく》の因縁《いんねん》を説《と》かん。その王別《おうわきま》えずしてこの語《ことば》を信聴《しんちょう》し、横《よこ》しまに法制《ほうせい》を作《つく》って仏戒《ぶっかい》に依《よ》らず。これを破仏《はぶつ》・破国《はこく》の因縁《いんねん》となす」已上《いじょう》。

涅槃経《ねはんぎょう》に云《い》わく「菩薩《ぼさつ》は、悪象等《あくぞうとう》においては心《こころ》に恐怖《くふ》なく、悪知識《あくちしき》においては怖畏《ふい》の心《こころ》を生《しょう》ず。悪象《あくぞう》に殺《ころ》されては三趣《さんしゅ》に至《いた》らず、悪友《あくゆう》に殺《ころ》されては必《かなら》ず三趣《さんしゅ》に至《いた》る」已上《いじょう》。

通解

（そうした邪悪《じゃあく》な僧《そう》が現《あらわ》れることの文証《もんしょう》として）

仁王経《にんのうきょう》にはこうある。

「もろもろの悪僧《あくそう》が、名声《めいせい》や利益《りえき》を多く求《もと》めて、国王・太子《たいし》・王子の前で、仏法を破壊《はかい》し国を破滅《はめつ》させる原因となる教《おし》えを自《みずか》ら説《と》くだろう。その王もそれを見破《みやぶ》ることができず、かえってその言葉《ことば》を信じて、法律《ほうりつ》や制度《せいど》を勝手《かって》につくり、仏の戒《いまし》めを守《まも》ろうとしない。これこそ破仏《はぶつ》・破国《はこく》の原因なのである」と。

また涅槃経《ねはんぎょう》にはこうある。

「菩薩《ぼさつ》は、凶暴《きょうぼう》な悪象《あくぞう》などに対してはなんら恐《おそ》れることはないが、私たちの心を迷《まよ》わせようとする悪知識《あくちしき》に対しては恐《おそ》れるのである。その理由は、悪象に殺《ころ》されても三趣《さんしゅ》（＝地獄《じごく》・餓鬼《がき》・畜生《ちくしょう》の三悪道《さんあくどう》）に堕《お》ちることはないが、悪友に殺されては、必《かなら》ず三趣に堕ちるからである」と。

語訳

【涅槃経《ねはんぎょう》】釈尊《しゃくそん》の臨終《りんじゅう》を舞台《ぶたい》にした大乗経典《だいじょうきょうてん》。釈尊滅後《めつご》の教団の乱《みだ》れや謗法《ほうぼう》の者を予言し、その中で正法を守護《しゅご》することを訴《うった》えている。

【悪知識《あくちしき》】悪知識とは、善知識《ぜんちしき》に対する語《ご》。仏道修行《ぶつどうしゅぎょう》を妨《さまた》げ、迷《まよ》いの道に引き込み、不幸に陥《おとしい》れる者をいう。知識とは「友」と同義《どうぎ》。

【悪友《あくゆう》】悪知識《あくちしき》と同《おな》じ。「悪友に殺《ころ》される」とは、仏道修行《ぶつどうしゅぎょう》を妨《さまた》げられ菩提心《ぼだいしん》を断《た》たれること。

解説

続いて主人《しゅじん》は、外見《がいけん》は僧《そう》の姿《すがた》をしながら、じつは正法を破壊《はかい》し、人々を悪道《あくどう》に陥《おとしい》れる悪人《あくにん》が悪世《あくせ》に出現《しゅつげん》してくることを、仁王経《にんのうきょう》・涅槃経《ねはんぎょう》、次章《じしょう》で法華経の文《もん》を引いて示《しめ》していく。仁王経の文には、仏法と王法《おうほう》の破壊《はかい》は、悪僧《あくそう》によって権力者《けんりょくしゃ》がたぶらかされることによるとの道理が示《しめ》される。

悪知識《あくちしき》（＝悪僧《あくそう》）こそ恐《おそ》れよ

涅槃経《ねはんぎょう》の文《もん》では、菩薩《ぼさつ》は悪象《あくぞう》などは恐《おそ》れるに及《およ》ばないが、悪知識《あくちしき》を恐れると説《と》かれている。ここで悪象《あくぞう》を挙《あ》げられているのは、釈尊《しゃくそん》の時代のインドにおいて恐《おそ》れられていた存在《そんざい》であったからだと考えられる。悪象に踏《ふ》み殺《ころ》されるとは、現代でいえば事故などの不慮《ふりょ》の死に相当《そうとう》するだろう。

しかし、たとえ凶悪《きょうあく》な象《ぞう》に踏《ふ》み殺《ころ》されても、それは身を破壊《はかい》されるだけであり、心は破壊されないので、地獄《じごく》・餓鬼《がき》・畜生《ちくしょう》の三悪道《さんあくどう》に堕《お》ちる因《いん》とはならない。それに対して、悪友《あくゆう》（＝悪《あく》僧《そう》）によって正法を求《もと》め尊《とうと》ぶ心を殺されてしまえば、心身《しんしん》ともに破壊され、必《かなら》ず三悪道に堕ちてしまう。

「悪知識《あくちしき》」「悪友《あくゆう》」とは、「善知識《ぜんちしき》」「善友《ぜんゆう》」に対する言葉《ことば》で、正しい仏道修行《ぶつどうしゅぎょう》を妨《さまた》げ、迷《まよ》いの道、邪法《じゃほう》に引き込み、不幸に陥《おとしい》れる者をいう。現実には、仏道修行を妨げる邪智謗法《じゃちほうぼう》の者を指《さ》す。

「唱法華題目抄《しょうほっけだいもくしょう》」には、「悪知識《あくちしき》にだまされて悪《あく》をなし、善心《ぜんしん》を破《やぶ》れば、地獄《じごく》に堕《お》ちる」（新10ジペー・全7ジペー、趣旨）と記《しる》されている。

第14章　法華経《ほけきょう》を引いて悪侶《あくりょ》を明《あ》かす

（新129ページ14行目〜130ページ4行目）
（全21ページ6行目〜11行目）

法華経《ほけきょう》に云《い》わく「悪世《あくせ》の中《なか》の比丘《びく》は、邪智《じゃち》にして心諂曲《こころてんごく》に、いまだ得《え》ざるを謂《おも》って得《え》たりとなし、我慢《がまん》の心《こころ》は充満《じゅうまん》せん。あるいは阿練若《あれんにゃ》に納衣《のうえ》にして空閑《くうげん》に在《あ》って、自《みずか》ら真《しん》の道《どう》を行《ぎょう》ずと謂《おも》って、人間《にんげん》を軽賤《きょうせん》する者有《ものあ》らん。利養《りよう》に貪著《とんじゃく》するが故《ゆえ》に、白衣《びゃくえ》のために法《ほう》を説《と》いて、世《よ》の恭敬《くぎょう》するところとなること、六通《ろくつう》の羅漢《らかん》のごとくならん　乃至《ないし》　常《つね》に大衆《だいしゅ》の中《なか》に在《あ》って我《われ》らの過《とが》を毀《そし》らんと欲《ほっ》して、国王《こくおう》・大臣《だいじん》・婆羅門《ばらもん》・居士《こじ》および余《よ》の比丘衆《びくしゅ》に向《む》かって、誹謗《ひぼう》して我《わ》が悪《あく》を説《と》いて『これ邪見《じゃけん》の人《ひと》、外道《げどう》の論議《ろんぎ》を説《と》く』と謂《い》わん。濁劫悪世《じょっこうあくせ》の中《なか》には、多《おお》く諸《もろもろ》の恐怖《くふ》有《あ》らん。悪鬼《あっき》はその身《み》に入《い》って、我《われ》を罵詈《めり》・毀辱《きにく》せん。濁世《じょくせ》の悪比丘《あくびく》は、仏《ほとけ》の方便《ほうべん》、宜《よろ》しきに随《したが》って説《と》きたもうところの法《ほう》を知《し》らず、悪口《あっく》して顰蹙《ひんしゅく》し、しばしば擯出《ひんずい》せられん」已上《いじょう》。

通解

法華経（勧持品第《かんじほんだい》13の二十行《にじゅうぎょう》の偈《げ》）にこうある。

「悪世《あくせ》の中の僧は邪智《じゃち》にたけ、本心《ほんしん》を曲《ま》げて他人《たにん》に迎合《げいごう》し、まだ覚《さと》っていないのに自分は覚りを得《え》ていると思い、自分が優《すぐ》れているとおごり高《たか》ぶる心が充満《じゅうまん》している。あるいは人里離《ひとざとはな》れた場所で粗末《そまつ》な衣《ころも》を着て、静《しず》かなところで、自《みず》ら真実《しんじつ》の道を修行《しゅぎょう》していると思い込んで、世間《せけん》を軽《かろ》んじ卑《いや》しむ者がいるだろう。

彼らは自己の利益《りえき》を貪《むさぼ》り、執着《しゅうちゃく》するゆえに、在家《ざいけ》の人々に法を説《と》いて、世の人たちから六神通《ろくじんずう》を得《え》た阿羅漢《あらかん》のように尊敬《そんけい》されるのである。〈中略〉常《つね》に人々の中にあって、私たち（釈尊《しゃくそん》の滅後《めつご》に正法を弘《ひろ》める者）が誤《あやま》っていると謗《そし》ろうとして、国王や大臣《だいじん》、バラモンや社会の有力者《ゆうりょくしゃ》、および他の僧《そう》たちに向かい、私たちの（ありもしない）過失《かしつ》を言い立てて『この人は邪《よこしま》な思想《しそう》をもっており、仏教ではない教えを説《と》いている』と言うだろう。

濁《にご》った時代の悪世《あくせ》においては、多くの恐怖《きょうふ》がある。悪鬼《あっき》が悪僧をはじめ人々の身に入《はい》って、正法の行者《ぎょうじゃ》を罵《ののし》り、謗《そし》り、辱《はずかし》めるだろう。濁世《じょくせ》の悪僧たちは、仏が方便《ほうべん》を用《もち》いて衆生の機根《きこん》に従《したが》って教えを説《と》くことを知らないで、私たちに悪口《わるくち》を言っては顔をしかめ、（私たちは彼らによって）しばしば追放《ついほう》されるだろう」と。

語訳

【我慢《がまん》】我慢とは、おごり高《たか》ぶって他をあなどること。

【阿練若《あれんにゃ》】人里離《ひとざとはな》れた閑静《かんせい》な場所、またはそこで修行《しゅぎょう》する者。

【納衣《のうえ》】粗末《そまつ》な衣《ころも》。僧衣《そうい》・袈裟《けさ》のこと。

【空閑《くうげん》】阿練若《あれんにゃ》と同意《どうい》で、人里離《ひとざとはな》れた場所《ばしょ》。

【人間《にんげん》】人の住《す》む所、世間《せけん》、俗界《ぞっかい》。

【利養《りよう》に貪著《とんじゃく》する】ただ自利自養《じりじよう》のみを考えているありさま。

【白衣《びゃくえ》】在家《ざいけ》の信仰者《しんこうしゃ》のこと。古代インドでは出家修行者がボロ布をつづった衣を着ていたのに対して、一般の人は白い衣を着ていたことに由来《ゆらい》する。

【六通《ろくつう》の羅漢《らかん》】どこにでも行けたり、何《なん》でも見られたりするなどの6種《しゅ》の神通力《じんずうりき》を得《え》た阿羅漢《あらかん》のこと。阿羅漢とは、声聞の修行の最高位を得た人。六神通のうち五つまでは外道《げどう》でも得られるが、第6の漏尽通《ろじんつう》（一切《いっさい》の煩悩《ぼんのう》を断《だん》じ尽《つ》くすこと）は、阿羅漢位《あらかんい》でなければ成就《じょうじゅ》できないとされる。

【濁劫《じょっこう》】汚《けが》れに満ちた時代。

【悪鬼《あっき》はその身《み》に入《い》って】「悪鬼」とは、人の生命をむしばみ功徳《くどく》を奪《うば》って仏道修行を妨《さまた》げる悪の働き。「其の身」とは、ここでは法華経の行者を迫害する三類《さんるい》の強敵《ごうてき》の身をいう。

【顰蹙《ひんしゅく》】顔をしかめること。

【しばしば擯出《ひんずい》せられん】「しばしば」は経文では「数数」であり、複数回《ふくすうかい》に及《およ》ぶこと。「擯出」とは、居所《いどころ》から追《お》い出《だ》すこと。

解説

「悪僧《あくそう》」出現《しゅつげん》の文証《もんしょう》として、法華経勧持品《かんじほん》第13の二十行《にじゅうぎょう》の偈《げ》の一部（法華経418ジペー）が引用《いんよう》されている。ここでは、正法を弘通《ぐつう》する者を迫害する「三類《さんるい》の強敵《ごうてき》」のうち、出家者《しゅっけしゃ》（宗教家）である道門増上慢《どうもんぞうじょうまん》・僭聖増上慢《せんしょうぞうじょうまん》について述《の》べた箇所《かしょ》が引かれている。

末法《まっぽう》には三類《さんるい》の強敵《ごうてき》が出現《しゅつげん》

道門増上慢《どうもんぞうじょうまん》は、ただ自分たちの慢心《まんしん》から、あからさまに正法の行者《ぎょうじゃ》の悪口《わるくち》を言い、迫害《はくがい》する。僭聖増上慢《せんしょうぞうじょうまん》は、思想的《しそうてき》・宗教的に世間《せけん》の尊敬《そんけい》を集《あつ》め、社会的・政治的影響力《せいじてきえいきょうりょく》を持つ出家者《しゅっけしゃ》のことであり、権力者《けんりょくしゃ》や大衆《たいしゅう》を扇動《せんどう》して正法の行者《ぎょうじゃ》に迫害《はくがい》・弾圧《だんあつ》を加《くわ》えさせる。

なお、これら悪僧に扇動《せんどう》されて法華経の行者《ぎょうじゃ》を迫害《はくがい》する在家《ざいけ》の権力者《けんりょくしゃ》や大衆《たいしゅう》は、「三類《さんるい》の強敵《ごうてき》」の第1類の俗衆増上慢《ぞくしゅぞうじょうまん》になる。

「立正安国論《りっしょうあんこくろん》」の提出後《ていしゅつご》、日蓮大聖人は、まさにこの経文通りの法難《ほうなん》に遭《あ》われた。これを「大事《だいじ》の難四度《なんよんど》なり」（「開目抄《かいもくしょう》」、新70ジペー・全200ジペー）と仰《おお》せである。

すなわち、念仏者《ねんぶつしゃ》が草庵《そうあん》を襲《おそ》った松葉ケ谷《まつばがやつ》の法難《ほうなん》、念仏者《ねんぶつしゃ》の讒訴《ざんそ》による伊豆流罪《いずるざい》、念仏を信《しん》仰《こう》する地頭《じとう》・東条景信《とうじょうかげのぶ》の軍勢《ぐんぜい》の襲撃《しゅうげき》により傷《きず》を負《お》った小松原《こまつばら》の法難、そして当時の人々の尊敬《そんけい》を集《あつ》めていた鎌倉《かまくら》の建長寺《けんちょうじ》道隆《どうりゅう》・極楽寺《ごくらくじ》良観《りょうかん》らの讒言《ざんげん》によって斬首《ざんしゅ》されそうになった竜《たつ》の口《くち》の法難・佐渡《さど》流罪という命《いのち》に及《およ》ぶ大難《だいなん》である。

第15章　涅槃経《ねはんぎょう》を引いて悪侶《あくりょ》を明《あ》かす

（新130ページ5行目～11行目）
（全21ページ12行目～16行目）

涅槃経《ねはんぎょう》に云《い》わく「我《われ》涅槃《ねはん》して後《のち》、無量百歳《むりょうひゃくさい》、四道《しどう》の聖人《しょうにん》ことごとくまた涅槃《ねはん》せん。正法滅《しょうほうめつ》して後《のち》、像法《ぞうほう》の中《なか》において、当《まさ》に比丘《びく》有《あ》るべし。律《りつ》を持《たも》つに似《に》像せて少《すこ》しく経《きょう》を読誦《どくじゅ》し、飲食《おんじき》を貪嗜《とんし》してその身《み》を長養《じょうよう》し、袈裟《けさ》を着《き》るといえども、なお猟師《りょうし》の細《ほそ》めに視《み》て徐《しず》かに行《い》くがごとく、猫《ねこ》の鼠《ねずみ》を伺《うかが》うがごとし。常《つね》にこの言《ことば》を唱《とな》えん、『我《われ》、羅漢《らかん》を得《え》たり』と。外《そと》には賢善《けんぜん》を現《げん》じ、内《うち》には貪嫉《とんしつ》を懐《いだ》く。唖法《あほう》を受《う》けたる婆羅門等《ばらもんとう》のごとし。実《じつ》には沙《しゃ》門《もん》にあらずして沙門《しゃもん》の像《かたち》を現《げん》じ、邪見熾盛《じゃけんしじょう》にして正法《しょうほう》を誹謗《ひぼう》せん」已上《いじょう》。

文《もん》に就《つ》いて世《よ》を見《み》るに、誠《まこと》にもってしかなり。悪侶《あくりょ》を誡《いまし》めずんば、あに善事《ぜんじ》を成《な》さんや。

通解

涅槃経《ねはんぎょう》にこうある。

「私（釈尊《しゃくそん》）が入滅《にゅうめつ》したのち、幾百年《いくひゃくねん》という長い年月を過《す》ぎると、四段階《だんかい》の修行《しゅぎょう》で覚《さと》りを得《え》た人たちも、ことごとく亡《な》くなるだろう。正しい教えが滅《ほろ》びた後、教えが形骸化《けいがいか》する時代になると、次のような僧《そう》が現《あらわ》れるだろう。外面《がいめん》は戒律《かいりつ》を持《たも》っているように見せかけて、少しばかり経文《きょうもん》を読誦《どくじゅ》しては、（布施《ふせ》として得《え》た）飲食《いんしょく》をむさぼって、わが身を養《やしな》っており、その僧《そう》は袈裟《けさ》を身にまとっているけれども、信徒《しんと》の布施を狙《ねら》うありさまは、猟師《りょうし》が目を細《ほそ》めてじっと見つめ、静《しず》かに近《ちか》づいていくようであり、ネコがネズミを捕《と》ろうとするようである。

そして、常に次のように言うだろう、『自分は阿羅漢《あらかん》の境地《きょうち》を得《え》た』と。しかし、外面《がいめん》は賢人《けんじん》・善人を装《よそお》っているが、内面《ないめん》には激《はげ》しい欲望《よくぼう》を懐《いだ》いているのである。無言《むごん》の行《ぎょう》を授《さず》けられて黙《だま》り込《こ》んでいるバラモンのようである。実際《じっさい》には、正しい仏道修行者《ぶつどうしゅぎょうしゃ》でもないのに修行者を装《よそお》い、邪見《じゃけん》が非常《ひじょう》に盛《さか》んで正法を誹謗《ひぼう》するだろう」と。

以上に挙《あ》げた経文と照《て》らし合《あ》わせて今の世を見ると、まことに経文通りである。こうした悪僧《あくそう》を戒《いまし》めなければ、どうして善事《ぜんじ》を成《な》し遂《と》げることができるだろうか。

解説

涅槃経《ねはんぎょう》の文《もん》では、賢人《けんじん》・善人を装《よそお》いながら心には激《はげ》しい欲望《よくぼう》を抱《いだ》き邪見《じゃけん》に覆《おお》われた悪僧《あくそう》が仏の滅後《めつご》に出現《しゅつげん》し、正法を誹謗《ひぼう》することが予言《よげん》されている。

悪世《あくせ》には貪《むさぼ》り・嫉妬《しっと》・邪見《じゃけん》の人が

経文に明《あき》らかなように、寺院《じいん》や僧《そう》が多いということと、正しい仏法が栄《さか》えていることとは別《べつ》である。日蓮大聖人は、人々が信じている法の正邪《せいじゃ》こそが、一国の平和・繁栄《はんえい》がどうなるかを決めると示《しめ》されているのである。

よって重要《じゅうよう》なことは、民衆一人一人が偽者《にせもの》の聖職者《せいしょくしゃ》・宗教者《しゅうきょうしゃ》の悪を見破《みやぶ》っていかねばならないということである。

末法《まっぽう》において彼らは、自身の腐敗《ふはい》・堕落《だらく》した内実《ないじつ》を衣装《いしょう》・儀式《ぎしき》など神聖《しんせい》そうな外見《がいけん》で隠《かく》す。そればかりか、自分たちの都合《つごう》のいいように教義《きょうぎ》をねじ曲《ま》げて信徒《しんと》に説《と》く。

もし民衆が正邪《せいじゃ》を判別《はんべつ》する智慧《ちえ》をもたなければ、悪僧《あくそう》にたぶらかされ、その結果《けっか》、人々の精《せい》神性《しんせい》は破壊《はかい》され、ひいては国家を滅亡《めつぼう》させることになる。

真実を見抜《みぬ》く勇気《ゆうき》と賢明《けんめい》さをもつことによって、初《はじ》めて人々は幸福《こうふく》の軌道《きどう》を歩めるのである。

さらに涅槃経《ねはんぎょう》で述べられている「悪比丘《あくびく》」の姿《すがた》は、単に宗教界《しゅうきょうかい》にとどまらず、今日《こんにち》では社会の指導的立場《しどうてきたちば》にある者にも通《つう》ずるといえよう。

法華経に説《と》かれる僭聖増上慢《せんしょうぞうじょうまん》にしても、現在では広い意味《いみ》で思想的《しそうてき》・宗教的な見識者《けんしきしゃ》、社会的な影響力《えいきょうりょく》をもった人物として、世間の尊敬《そんけい》を集《あつ》めている人々のことといえる。

これらの人々の中で、私利私欲《しりしよく》・自己保身《じこほしん》に執着《しゅうちゃく》する輩《やから》が、社会的・政治的権力《せいじてきけんりょく》と結託《けったく》して、正法の勢力《せいりょく》を迫害《はくがい》してくるのである。

大聖人は四つの経文（第13章～第15章）を挙《あ》げられたうえで、「文《もん》に就《つ》いて世《よ》を見《み》るに、誠《まこと》にもってしかなり」と、現実《げんじつ》の姿《すがた》が経文の通りであると指摘《してき》されている。

したがって、為政者《いせいしゃ》や民衆が、こうした悪僧《あくそう》にたぶらかされて邪法《じゃほう》の隆盛《りゅうせい》に加担《かたん》することをやめるとともに、謗法《ほうぼう》の勢力と戦わなければ、平和で幸福な真実《しんじつ》の世界は実現《じつげん》できない。

そのことを、大聖人は「悪侶《あくりょ》を誡《いまし》めずんば、あに善事《ぜんじ》を成《な》さんや」と仰《おお》せになっているのである。

◆池田先生の指針から（『御書と師弟』第2巻）

日蓮仏法は、古代以来の日本の宗教土壌《どじょう》を、根底から変革しゆく正義の大法です。

大聖人は安国論《あんこくろん》に仰《おお》せです。

――仏閣《ぶっかく》は甍《いらか》を連ね、経蔵《きょうぞう》は軒《のき》を並べている。僧《そう》も大勢いて、民衆も敬《うやま》っているようにみえる。しかし、法師《ほっし》たちは心がひねくれて人々の心を惑《まど》わせている。王臣《おうしん》たちは無知《むち》のため、邪正を弁《わきま》えない（全20～21ページ・新29ページ、趣意）と。

いくら外見上は隆盛《りゅうせい》を誇《ほこ》っているようでも、幸福へ、繁栄《はんえい》へ、平和へとリードしゆく正しい教えが広まっていかなければ価値を生まない。問われるべきは、内実《ないじつ》の哲学であります。どんなに物質的に恵《めぐ》まれ、科学技術が進歩しても、時代の底流にある哲学が浅く、誤《あやま》っていれば、民衆の人生観や生命観、ひいては政治・経済・文化・教育など、すべてのとらえ方が狂《くる》う。やがて社会全体が行き詰《づ》まってしまうのは必然でしょう。

大聖人は、仏眼《ぶつげん》・法眼《ほうげん》をもって、こうした大きな時代のダイナミズムを見つめておられた。そして、時の最高権力者に仏法の正義を威風堂々《いふうどうどう》と師子吼《ししく》なされました。

正は正！　邪《じゃ》は邪！

善《ぜん》は善！　悪は悪！

こう明快に言い切るのが、真の仏法者です。「破邪《はじゃ》」なくして「顕正《けんせい》」はありません。

正邪《せいじゃ》を疎《おろそ》かにし、権勢《けんせい》に媚《こ》びて利養を貪《むさぼ》る偽善《ぎぜん》の聖職者《せいしょくしゃ》。そして宗教を民衆支配《しはい》の道具としていた為政者《いせいしゃ》。この魔性に対し、大聖人は真っ向から挑《いど》まれたのです。

第４段　謗法《ほうぼう》の元凶《げんきょう》を明《あ》かす

（新30～33ジペー・全21～24ジペー）

第16章　謗法《ほうぼう》の人・法を尋《たず》ねる

（新30ジペー12行目～15行目）
（全21ジペー17行目～22ジペー1行目）

客《きゃく》なお憤《いきどお》って曰《い》わく、明王《めいおう》は天地《てんち》に因《よ》って化《け》を成《な》し、聖人《せいじん》は理非《りひ》を察《つまび》らかにして世《よ》を治《おさ》む。世上《せじょう》の僧侶《そうりょ》は天下《てんか》の帰《き》するところなり。悪侶《あくりょ》においては明王《めいおう》は信《しん》ずべからず。聖人《しょうにん》にあらずんば賢哲《けんてつ》は仰《あお》ぐべからず。今《いま》、賢聖《けんしょう》の尊重《そんちょう》せるをもって、則《すなわ》ち竜象《りゅうぞう》の軽《かる》からざるを知《し》んぬ。何《なん》ぞ妄言《もうごん》を吐《は》いてあながちに誹謗《ひぼう》を成《な》し、誰人《たれびと》をもって悪比丘《あくびく》と謂《い》うや。委細《いさい》に聞《き》かんと欲《ほっ》す。

通解

客《きゃく》は、それでもまだ憤《いきどお》りが解《と》けずに言う。賢明《けんめい》な君主《くんしゅ》は天地の道理によって民《たみ》を導《みちび》き、聖人《しょうにん》は道理にかなっていることと、かなっていないことを見極《みきわ》めて世を治《おさ》めている。世間の高僧《こうそう》たちは、天下万民《ばんみん》が帰依《きえ》している対象《たいしょう》である。もしそれが悪僧《あくそう》であれば、賢明《けんめい》な君主は信じないだろう。それらの高僧《こうそう》が聖《しょう》人《にん》でないなら、賢人《けんじん》や哲人《てつじん》たちがこれらの人を信じ仰《あお》ぐわけがない。今、世の賢人や聖人が尊崇《そんすう》していることからみても、それら竜《りゅう》や象《ぞう》にも譬《たと》えられる立派な僧侶は、軽《かろ》んじてよいものではないとわかる。

それなのに、どうしてあなたはそのようないいかげんな言葉《ことば》を吐《は》いて、無理やりに誹謗《ひぼう》し、いったい誰《だれ》を悪僧というのか。詳《くわ》しく聞きたいと思う。

解説

第3段で、主人《しゅじん》が経文を引いて「正法を誹謗《ひぼう》し、民衆をたぶらかす悪僧《あくそう》を戒《いまし》めよ」と教え諭《さと》したが、客《きゃく》はまだ憤《いきどお》りが解《と》けない。かえって、賢明《けんめい》な世の指導者《しどうしゃ》、民衆などから尊敬《そんけい》されているのだから、今の日本の仏教界《ぶっきょうかい》の僧たちは立派《りっぱ》なはずであるとの考えを述べるのである。

客《きゃく》が言う「明王《めいおう》(=賢明《けんめい》な君主《くんしゅ》)」とは、物事《ものごと》の道理や仏法の高低浅深《こうていせんじん》に通《つう》じる者が王となれるという当時の思想《しそう》を根底《こんてい》としている。このことは、為政者《いせいしゃ》を惑《まど》わす「一凶《いっきょう》」の恐《おそ》ろしさを示《しめ》す一方《いっぽう》で、本抄の宛先《あてさき》である北条時頼《ほうじょうときより》に対し、法の正邪《せいじゃ》をわきまえる明王《めいおう》たれと語りかけられているとも拝《はい》される。

現代に即《そく》していえば、主権者《しゅけんしゃ》たる国民一人一人が、思想《しそう》の浅深《せんじん》を見極《みきわ》める智慧《ちえ》をもち、為政《いせい》者《しゃ》・政治家《せいじか》が庶民《しょみん》を見下すことのないよう監視《かんし》していくことが、正しい社会を建設《けんせつ》しゆく根幹《こんかん》となる。

第4段ではこの後、「いったい誰《だれ》が悪僧《あくそう》なのか」との客《きゃく》の問いに答えて、法然《ほうねん》を名指《なざ》しし、法然の著《あらわ》した『選択集《せんちゃくしゅう》』こそが、正法誹謗《ひぼう》の邪説《じゃせつ》であることを明《あき》らかにしていく。

第17章　法然《ほうねん》の邪義《じゃぎ》、『選択集《せんちゃくしゅう》』を示《しめ》す

（新30ページ16行目〜32ページ7行目）
（全22ページ2行目〜23ページ3行目）

主人《しゅじん》曰《い》わく、後鳥羽院《ごとばいん》の御宇《ぎょう》に法然《ほうねん》というもの有《あ》って選択集《せんちゃくしゅう》を作《つく》る。則《すなわ》ち一代《いちだい》の聖教《しょうぎょう》を破《は》し、あまねく十方《じっぽう》の衆生《しゅじょう》を迷《まよ》わす。その選択《せんちゃく》に云《い》わく「道綽禅師《どうしゃくぜんじ》、聖道《しょうどう》・浄土《じょうど》の二門《にもん》を立《た》てて、聖道《しょうどう》を捨《す》てて正《まさ》しく浄土《じょうど》に帰《き》するの文《もん》。初《はじ》めに聖道門《しょうどうもん》とは、これについて二《ふた》つ有《あ》り乃至《ないし》これに準《じゅん》じてこれを思《おも》うに、応《まさ》に密大《みつだい》および実大《じつだい》をも存《そん》すべし。しからば則《すなわ》ち、今《いま》の真言《しんごん》・仏心《ぶっしん》・天台《てんだい》・華厳《けごん》・三論《さんろん》・法相《ほっそう》・地論《じろん》・摂論《しょうろん》、これらの八家《はっけ》の意《い》、正《まさ》しくここに在《あ》るなり。曇鸞法師《どんらんほっし》、往生論註《おうじょうろんちゅう》に云《い》わく『謹《つつし》んで竜樹菩薩《りゅうじゅぼさつ》の十住毘《じゅうじゅうび》

婆沙《ばしゃ》を案《あん》ずるに云《い》わく、菩薩《ぼさつ》、阿毘跋致《あびばっち》を求《もと》むるに、二種《にしゅ》の道有《どうあ》り。一《いち》には難行道《なんぎょうどう》、二《に》には易行道《いぎょうどう》なり』。この中《うち》、難行道《なんぎょうどう》とは、即《すなわ》ちこれ聖道門《しょうどうもん》なり。易行道《いぎょうどう》とは、即《すなわ》ちこれ浄土門《じょうどもん》なり。浄土宗《じょうどしゅう》の学者《がくしゃ》、まず、すべからくこの旨《むね》を知《し》るべし。たとい先《さき》より聖道門《しょうどうもん》を学《まな》ぶ人《ひと》なりといえども、もし浄《じょう》土門《どもん》においてその志《こころざし》有《あ》らば、すべからく聖道《しょうどう》を棄《す》てて浄土《じょうど》に帰《き》すべし」。

また云《い》わく「善導和尚《ぜんどうおしょう》、正《しょう》・雑《ぞう》の二行《にぎょう》を立てて、雑行《ぞうぎょう》を捨《す》て正行《しょうぎょう》に帰《き》するの文《もん》。第一《だいいち》に読誦雑行《どくじゅぞうぎょう》とは、上《かみ》の観経等《かんぎょうとう》の往生浄土《おうじょうじょうど》の経《きょう》を除《のぞ》いてより已《い》外《げ》、大小乗《だいしょうじょう》・顕密《けんみつ》の諸経《しょきょう》において受持《じゅじ》・読誦《どくじゅ》するを、ことごとく読誦雑行《どくじゅぞうぎょう》と名《な》づく。第三《だいさん》に礼拝雑行《らいはいぞうぎょう》とは、上《かみ》の弥陀《みだ》を礼拝《らいはい》するを除《のぞ》いてより已外《いげ》、一切《いっさい》の諸《もろもろ》の仏《ぶつ》菩《ぼ》薩《さつ》等《とう》および諸《もろもろ》の世《せ》天《てん》等《とう》において礼拝《らいはい》・恭《く》敬《ぎょう》するを、ことごとく礼拝《らいはい》雑行《ぞうぎょう》と名《な》づく。私《わたくし》に云《い》わく、この文《もん》を見《み》るに、すべからく雑《ぞう》を捨《す》てて専《せん》を修《しゅ》すべし。あに百即百生《ひゃくそくひゃくしょう》の専修正行《せんじゅしょうぎょう》を捨《す》てて、堅《かた》く千中無《せんちゅうむ》一《いち》の雑《ぞう》修雑行《しゅぞうぎょう》を執《しゅう》せんや。行者《ぎょうじゃ》能《よ》くこれを思量《しりょう》せよ」。

また云《い》わく「貞元入蔵録《じょうげんにゅうぞうろく》の中《なか》に、始《はじ》め大般若経《だいはんにゃきょう》六百巻《ろっぴゃくかん》より法常住経《ほうじょうじゅうきょう》に終《お》わるまでの顕密《けんみつ》の大乗経《だいじょうきょう》、総《そう》じて六百三十七部《ろっぴゃくさんじゅうななぶ》二千《にせん》八百八十三巻《はっぴゃくはちじゅうさんかん》なり。皆《みな》すべからく『大乗《だいじょう》を読誦《どくじゅ》す』の一句《いっく》に摂《おさ》むべし。当《まさ》に知《し》るべし。随他《ずいた》の前《まえ》にはしばらく定散《じょうさん》の門《もん》を開《ひら》くといえども、随自《ずいじ》の後《のち》には還《かえ》って定散《じょうさん》の門《もん》を閉《と》ず。一《ひと》たび開《ひら》いてより以後《いご》永《なが》く閉《と》じざるは、ただこれ念仏《ねんぶつ》の一門《いちもん》のみなり」。

また云《い》わく「念仏《ねんぶつ》の行者《ぎょうじゃ》必《かなら》ず三心《さんしん》を具足《ぐそく》すべきの文《もん》。観無量寿経《かんむりょうじゅきょう》に云《い》わく、同経《どうきょう》の疏《しょ》に云《い》わく『問《と》うて曰《い》わく、もし解行不同《げぎょうふどう》にして邪雑《じゃぞう》の人等《ひととう》有《あ》らん。外邪異見《げじゃいけん》の難《なん》を防《ふせ》がん。あるいは行《い》くこと一分二分《いちぶんにぶん》にして群賊等喚《ぐんぞくとうよ》び廻《かえ》すとは、即《すなわ》ち別解《べつげ》・別行《べつぎょう》・悪見《あっけん》の人等《ひととう》に喩《たと》う』。私《わたくし》に云《い》わく、またこの中《なか》に一切《いっさい》の別解《べつげ》・別行《べつぎょう》・異学《いがく》・異見等《いけんとう》と言《い》うは、これ聖道門《しょうどうもん》を指《さ》す」已上《いじょう》。

また最後結句《さいごけっく》の文《もん》に云《い》わく「夫《そ》れ、速《すみ》やかに生死《しょうじ》を離《はな》れんと欲《ほっ》せば、二《に》種《しゅ》の勝法《しょうほう》の中《なか》に、しばらく聖道門《しょうどうもん》を閣《さしお》いて、選《えら》んで浄土門《じょうどもん》に入《い》れ。浄土門《じょうどもん》に入《い》らんと欲《ほっ》せば、正《しょう》・雑《ぞう》の二行《にぎょう》の中《なか》に、しばらく諸《もろもろ》の雑行《ぞうぎょう》を抛《なげう》って、選《えら》んで応《まさ》に正行《しょうぎょう》に帰《き》すべし」已上《いじょう》。

通解

主人《しゅじん》が答えて言う。

後鳥羽院《ごとばいん》の時代（＝平安末期《へいあんまっき》から鎌倉幕府《かまくらばくふ》成立《りつ》の時期《じき》）に、法然《ほうねん》という僧《そう》がいて『選択集《せんちゃくしゅう》』を著《あらわ》した。すなわち、この書によって釈尊一《しゃくそんいち》代《だい》の教えを否定《ひてい》し、あまねく国中の衆生を迷《まよ》わせたのである。

その『選択集《せんちゃくしゅう》』にはこうある。

「『道綽禅師《どうしゃくぜんじ》が、聖道門《しょうどうもん》と浄土門《じょうどもん》の二門《にもん》を立てて、聖道門を捨《す》ててまさしく浄土門に帰《き》すると説《と》いた文《もん》』。

『はじめに聖道門《しょうどうもん》とは、これについて二つある』。〈中略〉（大乗《だいじょう》には顕教《けんきょう》と密教《みっきょう》、権教《ごんきょう》と実《じつ》教《きょう》があるとし、道綽《どうしゃく》は、歴劫修行《りゃっこうしゅぎょう》の顕教の大乗と権教の大乗とを聖道門とすると述べているが）これに準《じゅん》じて考えると、〈中略〉（小乗・顕教・権教はもちろんのこと）まさに密教《みっきょう》の大乗（＝真《しん》言《ごん》）も、実教の大乗（＝法華）も聖道門に含《ふく》めるべきである。

したがって、これらの経によって立てられた、今の真言《しんごん》・仏心《ぶっしん》（＝禅宗《ぜんしゅう》）・天台《てんだい》（＝天台法華《ほっけ》宗《しゅう》）・華厳《けごん》・三論《さんろん》・法相《ほっそう》・地論《じろん》・摂論《しょうろん》、これら八宗《はっしゅう》の主張《しゅちょう》は、まさしく聖道門《しょうどうもん》に含《ふく》まれるということになるのである。

曇鸞法師《どんらんほっし》は『往生論註《おうじょうろんちゅう》』で次のように述べている。

『謹《つつし》んで竜樹菩薩《りゅうじゅぼさつ》の「十住毘婆沙論《じゅうじゅうびばしゃろん》」を考えてみると、菩薩《ぼさつ》が不退転《ふたいてん》の位《くらい》である阿毘跋致《あびばっち》を求《もと》めるには、2種の道がある。その一つは難行道《なんぎょうどう》であり、二つには易行道《いぎょうどう》である』と。

この中の難行道《なんぎょうどう》とは、すなわち聖道門《しょうどうもん》のことである。易行道《いぎょうどう》とは、すなわち浄土門《じょうどもん》のことである。浄土宗の学者は、まずこの趣旨《しゅし》を知るべきである。たとえ以前から聖道門を学んでいる人であっても、もし浄土門について学びたいという志《こころざし》のある者は、聖道門を捨《す》てて、浄土門に帰依《きえ》しなければならない」と。

またこうある。

「『善導和尚《ぜんどうおしょう》が、正行《しょうぎょう》と雑行《ぞうぎょう》の2行を立て、雑行を捨《す》てて、正行に帰依《きえ》すべきであると説《と》いている文《もん》』。

第1に読誦雑行《どくじゅぞうぎょう》とは、先に述べた（浄土宗《じょうどしゅう》の依経《えきょう》である）観経《かんぎょう》（＝観無量寿経《かんむりょうじゅきょう》）などの浄土への往生《おうじょう》を説《と》いた経を除《のぞ》いて、それ以外の大《だい》乗教《じょうきょう》・小乗教《しょうじょうきょう》、顕教《けんきょう》・密教《みっきょう》の諸経《しょきょう》を受持《じゅじ》・読《どく》誦《じゅ》することを、ことごとく読誦雑行《ぞうぎょう》と名づけるのである。

第3に礼拝雑行《らいはいぞうぎょう》とは、阿弥陀仏《あみだぶつ》を礼拝すること以外、一切《いっさい》の仏《ぶつ》・菩薩《ぼさつ》らおよび仏教以外のさまざまな神々《かみがみ》に対して礼拝し敬《うやま》うのを、ことごとく礼拝雑行と名づけるのである。

私（法然《ほうねん》）の考えは、この文《もん》を見ると、私たちは雑行《ぞうぎょう》を捨《す》ててもっぱら正行《しょうぎょう》である念仏《ねんぶつ》を修行《しゅぎょう》する必要がある。どうして百人が百人とも必《かなら》ず極楽浄土《ごくらくじょうど》へ往生《おうじょう》できる専修正行《せんじゅしょうぎょう》の念仏を捨《す》てて、千中無一《せんちゅうむいち》、すなわち千人の中に一人も成仏《じょうぶつ》することのできない雑修雑行《ぞうしゅぞうぎょう》に固《かた》く執着《しゅうちゃく》するのだろうか。修行する者は、よくよくこのことを考えるべきである」と。

またこうある。

「（中国の唐《とう》の僧《そう》・円照《えんしょう》が選《えら》んだ）『貞元入蔵録《じょうげんにゅうぞうろく》』の中には、最初《さいしょ》の大般若経《だいはんにゃきょう》６００巻から最後《さいご》の法常住経《ほうじょうじゅうきょう》に至《いた》るまでの、顕教《けんきょう》・密教《みっきょう》の大乗経《だいじょうきょう》は、すべて合わせて６３７部２８８３巻である。これらは皆《みな》、『大乗《だいじょう》を読誦《どくじゅ》する』という一句《いっく》の中に当然《とうぜん》収まるのである。

まさに知るべきである。仏が衆生の機根《きこん》に応《おう》じて随他意《ずいたい》の法門を説《と》いた前の時期《じき》には、しばらく定善《じょうぜん》（＝心を一つに定《さだ》めて行《おこな》う善行《ぜんこう》）と散善《さんぜん》（＝日常の散漫《さんまん》な心のままで行う善行）の諸行《しょぎょう》の門を開いたが、衆生の機根によらない仏の本意《ほんい》である随自意《ずいじい》の教えを説《と》いている後の時期《じき》には、かえって前に説いた方便《ほうべん》の定善・散善の門を閉《と》じるのである。一度開いたのち、永久《えいきゅう》に閉じない門は、ただ念仏《ねんぶつ》の一門《いちもん》のみである」と。

またこうある。

「『念仏《ねんぶつ》の行者《ぎょうじゃ》は必《かなら》ず三心《さんじん》（＝極楽往生《ごくらくおうじょう》するために必要《ひつよう》とされる至誠心《しじょうしん》・深心《じんしん》・回向発願心《えこうほつがんしん》）を具足《ぐそく》しなければならないことを説《と》いた文《もん》』。

観無量寿経《かんむりょうじゅきょう》にこうある。〈中略〉善導《ぜんどう》の同《どう》経《きょう》に対する注釈《ちゅうしゃく》には『問《と》うて言う。もし法門の理解《りかい》も修行《しゅぎょう》も（浄土教《じょうどきょう》の人と）同じでなく、誤《あやま》ったものをまじえている人たちがいたとしよう。〈中略〉そのような浄土教以外《じょうどきょういがい》の邪《よこしま》な異《こと》なった見解《けんかい》の人々からなされる非難《ひなん》を防《ふせ》ごう。〈中略〉あるいは道のりの1割2割進んだところで群賊《ぐんぞく》などが旅人《たびびと》を呼《よ》び返《かえ》すというのは、別《べつ》の理解《りかい》、別の修行《しゅぎょう》、悪見《あっけん》をいだいている人を群賊に譬《たと》えているのである』と。

私（法然《ほうねん》）が考えるには、〈中略〉この中で『一切《いっさい》の、別《べつ》の理解《りかい》、別の修行《しゅぎょう》、異《こと》なった学識《がくしき》の者、異《こと》なった見解《けんかい》の者など』と言っているのは、聖道門《しょうどうもん》のことを指《さ》している」と。

また、最後の結《むす》びの文《もん》にはこうある。

「そもそも、速《すみ》やかに、生死《しょうじ》の苦しみを離《はな》れようと欲《ほっ》するなら、2種の勝《すぐ》れた法の中で、聖道門《しょうどうもん》を閣《さしお》いて、選《えら》んで浄土門《じょうどもん》に入りなさい。浄土門に入ろうとするなら、正行《しょうぎょう》・雑行《ぞうぎょう》の二つの行の中でも、しばらく、もろもろの雑行を抛《なげう》って、選《えら》んでまさに正行に帰依《きえ》していかなければならない」と。

語訳

【法然《ほうねん》】12～13世紀《せいき》、平安末期《へいあんまっき》の日本浄土宗《じょうどしゅう》の開祖《かいそ》。諱《いみな》は源空《げんくう》。著書《ちょしょ》『選択集《せんちゃくしゅう》（選択本願念仏集《せんちゃくほんがんねんぶつしゅう》）』で、口《くち》に念仏《ねんぶつ》を称《とな》える称名念仏《しょうみょう》のみが往生成仏《おうじょうじょうぶつ》の正行《しょうぎょう》であるとして専修《せんじゅ》念仏の義《ぎ》を強調《きょうちょう》し、浄土三部経《じょうどさんぶきょう》以外の一切《いっさい》の経典《きょうてん》の教えを排除《はいじょ》すべきだと説《と》いた。

【道綽《どうしゃく》】6～7世紀《せいき》、中国の隋《ずい》・唐《とう》の浄土教《じょうどきょう》の祖師《そし》。曇鸞《どんらん》の教説《きょうせつ》を受《う》けて、釈尊《しゃくそん》の一代《いちだい》の教えを聖道《しょうどう》門《もん》・浄土門《じょうどもん》に分《わ》けた。主著に『安楽集《あんらくしゅう》』がある。

【聖道門《しょうどうもん》・浄土門《じょうどもん》】「聖道門」はこの世で自力《じりき》によって覚《さと》りを得《え》ようとする教え。「浄土門」は娑婆世界《しゃばせかい》を汚《けが》れた世界として嫌《きら》い、他力《たりき》によって極楽往生《ごくらくおうじょう》を願《ねが》う教え。道綽《どうしゃく》は『安楽集《あんらくしゅう》』で、聖道門は法理《ほうり》は深《ふか》いが理解《りかい》できる者は少ない（理深解微《りじんげみ》）とし、「未有一人得者《みういちにんとくしゃ》」（まだ一人も成仏したことがない）の教えであると排斥《はいせき》し、浄土三部経《じょうどさんぶきょう》の教えである浄土門に帰《き》すべきことを説《と》いた。

【曇鸞《どんらん》】5～6世紀《せいき》、中国・南北朝時代の浄土教《じょうどきょう》の祖師《そし》。念仏《ねんぶつ》を易行道《いぎょうどう》とし、その他の諸行《しょぎょう》を難行道《なんぎょうどう》として排《はい》した。主著に『往生論註《おうじょうろんちゅう》』がある。

【難行道《なんぎょうどう》・易行道《いぎょうどう》】曇鸞《どんらん》の『往生論註《おうじょうろんちゅう》』にある。「難行道」とは、長期間《ちょうきかん》にわたって修行《しゅぎょう》を積《つ》み、自力《じりき》によって仏果《ぶっか》を得《え》る教えのこと。「易行道」とは、他力《たりき》によって浄土《じょうど》に往生《おうじょう》して覚《さと》りを得る法門《ほうもん》で、特に阿弥陀仏《あみだぶつ》の救済《きゅうさい》による教えのこと。

【善導《ぜんどう》】7世紀《せいき》、中国・唐《とう》の浄土教《じょうどきょう》の祖師《そし》。中国浄土教善導流《じょうどきょうぜんどうりゅう》の大成者《たいせいしゃ》。道綽《どうしゃく》のもとで観無量寿経《かんむりょうじゅきょう》を学ぶ。著書《ちょしょ》『往生礼讃偈《おうじょうらいさんげ》』で、念仏以外《ねんぶついがい》の修行《しゅぎょう》を行う者は、千人の中で一人も成仏《じょうぶつ》しない（千中無一《せんちゅうむいち》）としている。また『観無量寿経疏《かんむりょうじゅきょうしょ》』で、浄土三部経《じょうどさんぶきょう》による修行を成仏へと導く正しい修行である正行《しょうぎょう》とし、それ以外のさまざまな修行である雑行《ぞうぎょう》では誰《だれ》も成仏《じょうぶつ》できないとした。

解説

主人《しゅじん》は、日本の浄土宗《じょうどしゅう》の祖《そ》・法然《ほうねん》の名を挙《あ》げ、法然の著《あらわ》した『選択集《せんちゃくしゅう》（選択本願念仏集《せんちゃくほんがんねんぶつしゅう》）』こそ、釈尊《しゃくそん》のすべての教えを否定《ひてい》し、一切《いっさい》衆生を迷《まよ》わす邪義《じゃぎ》の悪書《あくしょ》であると答える。

そして、『選択集《せんちゃくしゅう》』を詳《くわ》しく引用《いんよう》しながら、法華経誹謗《ひぼう》の邪説《じゃせつ》の本質《ほんしつ》を浮《う》き彫《ぼ》りにしていく。

第18章　法然《ほうねん》の謗法《ほうぼう》を糾弾《きゅうだん》する

（新32ページ8行目～14行目）
（全23ページ4行目～9行目）

これに就《つ》いてこれを見《み》るに、曇鸞《どんらん》・道綽《どうしゃく》・善導《ぜんどう》の謬釈《みょうしゃく》を引《ひ》いて、聖道《しょうどう》・浄土《じょうど》、難行《なんぎょう》・易行《いぎょう》の旨《むね》を建《た》て、法華《ほっけ》・真言《しんごん》、総《そう》じて一代《いちだい》の大乗六百三十七《だいじょうろっぴゃくさんじゅうなな》部《ぶ》二《に》千八百八十三巻《せんはっぴゃくはちじゅうさんかん》、一切《いっさい》の諸《もろもろ》の仏菩薩《ぶつぼさつ》および諸《もろもろ》の世天等《せてんとう》をもって皆聖《みなしょう》道《どう》・難行《なんぎょう》・雑行等《ぞうぎょうとう》に摂《おさ》めて、あるいは捨《す》て、あるいは閉《と》じ、あるいは閣《さしお》き、あるいは抛《なげう》つ。この四字《しじ》をもって多《おお》く一切《いっさい》を迷《まよ》わし、あまつさえ、三《さん》国《ごく》の聖僧《しょうそう》、十方《じっぽう》の仏弟《ぶってい》をもって皆群賊《みなぐんぞく》と号《ごう》し、しかしながら罵詈《めり》せしむ。近《ちか》くは、依《よ》るところの浄土三部経《じょうどさんぶきょう》の「ただ五逆《ごぎゃく》と誹謗正法《ひぼうしょうほう》とのみを除《のぞ》く」

の誓文《せいもん》に背《そむ》き、遠《とお》くは、一代五時《いちだいごじ》の肝心《かんじん》たる法華経《ほけきょう》の第二《だいに》の「もし人信《ひとしん》ぜずして、この経《きょう》を毀謗《きぼう》せば 乃至《ないし》 その人《ひと》は命終《みょうじゅう》して、阿鼻獄《あびごく》に入《い》らん」の誡文《かいもん》に迷《まよ》う者《もの》なり。

通解

これらの諸文《しょもん》によって法然《ほうねん》の『選択集《せんちゃくしゅう》』の本質《ほんしつ》を考察《こうさつ》してみれば、中国の曇鸞《どんらん》・道綽《どうしゃく》・善導《ぜんどう》の誤《あやま》った注釈《ちゅうしゃく》を引いて、聖道門《しょうどうもん》と浄土《じょうど》門《もん》、難行《なんぎょう》と易行《いぎょう》の主張《しゅちょう》を立て、法華経と真言《しんごん》をはじめ、総《そう》じて釈尊一代《しゃくそんいちだい》の大乗経《だいじょうきょう》６３７部２８８３巻の一切《いっさい》の経文と、一切の仏《ぶつ》・菩薩《ぼさつ》および仏教以外のさまざまな神々《かみがみ》を信仰《しんこう》することを皆《みな》、聖道門《しょうどうもん》・難行《なんぎょう》・雑行《ぞうぎょう》などに入れてしまって、捨《す》てたり閉《と》じたり閣《さしお》いたり抛《なげう》ったりしたのである。この（「捨閉閣抛《しゃへいかくほう》」の）４字で多くの衆生を迷《まよ》わし、さらには、インド・中国・日本という三国《さんごく》の聖僧《せいそう》や十方《じっぽう》の仏弟子《ぶつでし》を皆《みな》、「群賊《ぐんぞく》」と呼《よ》び、そのすべてを人々に罵《ば》倒《とう》させている。

このことは、近くは彼ら自身が依拠《いきょ》する浄《じょう》土《ど》三部経《さんぶきょう》の「ただ五逆罪《ごぎゃくざい》（＝父を殺《ころ》す、母を殺す、阿羅漢《あらかん》を殺す、仏の身体《しんたい》を傷《きず》つけて血を出《いだ》す、教団《きょうだん》を破壊《はかい》する）と正法を誹謗《ひぼう》する者を（浄土《じょうど》への往生《おうじょう》から）除《のぞ》く」（無量寿経《むりょうじゅきょう》）との法蔵比《ほうぞうび》丘《く》の誓願《せいがん》の文《もん》に背《そむ》き、遠《とお》くは釈尊《しゃくそん》の一代五時《いちだいごじ》の説法《せっぽう》の肝心《かんじん》である法華経の第2巻の「もし人がこの法華経を信じないで謗《そし》るなら〈中略〉その人は命《いのち》が終《お》わってのち、阿鼻地獄《あびじごく》（＝無《む》間地獄《けんじごく》）に入《はい》るだろう」（譬喩品第3《ひゆほんだい》）との戒《いまし》めの文に迷《まよ》うものである。

語訳

【浄土三部経《じょうどさんぶきょう》】中国・日本の浄土教《じょうどきょう》が依拠《いきょ》した無量寿経《むりょうじゅきょう》・観無量寿経《かんむりょうじゅきょう》・阿弥陀経《あみだきょう》の三経。

【一代五時《いちだいごじ》】中国天台宗《てんだいしゅう》の祖師《そし》・天台大師智顗《ちぎ》が釈尊《しゃくそん》の一代にわたる説法《せっぽう》を、その内容から分類《ぶんるい》し、華《け》厳《ごん》・阿含《あごん》・方等《ほうどう》・般若《はんにゃ》・法華涅槃《ほっけねはん》の五つの時期《じき》にわけたもの。ここでは「一代五時《いちだいごじ》」で釈尊の教説《きょうせつ》のすべてを意味する。

解説

主人《しゅじん》は、『選択集《せんちゃくしゅう》』の謗法《ほうぼう》を経文によって明確《めいかく》に破折《はしゃく》する。

法然《ほうねん》は、中国浄土教の曇鸞《どんらん》・道綽《どうしゃく》・善導《ぜんどう》の誤《あやま》った解釈《かいしゃく》にさらに輪《わ》をかけた誤《あやま》りを犯《おか》し、浄土《じょうど》三部経《さんぶきょう》（無量寿経《むりょうじゅきょう》・観無量寿経《かんむりょうじゅきょう》・阿弥陀経《あみだきょう》）を除《のぞ》く釈尊一代《しゃくそんいちだい》のすべての教え、および阿弥陀仏《あみだぶつ》を除《のぞ》く一切《いっさい》の仏《ぶつ》・菩薩《ぼさつ》などは、すべて聖道門《しょうどうもん》・難行道《なんぎょうどう》・雑行《ぞうぎょう》に入《はい》るから、「捨《す》てよ」「閉《と》じよ」「閣《さしお》け」「抛《なげう》て」とした。さらには法華経などを正しく伝えた聖僧《せいそう》、および十方《じっぽう》の仏弟子《ぶつでし》を「群《ぐん》賊《ぞく》」と呼《よ》び、仏法僧《ぶっぽうそう》の三宝《さんぼう》のすべてを謗《そし》っているのである。

日蓮大聖人はこれを「捨閉閣抛《しゃへいかくほう》」の4字に端的《たんてき》に集約《しゅうやく》し、邪義《じゃぎ》の本質《ほんしつ》を一刀両断《いっとうりょうだん》されるのである。続《つづ》いて、この法然《ほうねん》の「謗法《ほうぼう》」に対し、浄土宗自身《じょうどしゅうじしん》が依拠《いきょ》している浄土三部経《じょうどさんぶきょう》の中の無量《むりょう》寿経《じゅきょう》と、法華経の文証《もんしょう》を引いて破折《はしゃく》を加《くわ》えられる。

無量寿経《むりょうじゅきょう》でも五逆罪《ごぎゃくざい》と誹謗《ひぼう》正法（謗法《ほうぼう》）を犯《おか》した人の往生《おうじょう》は否定《ひてい》されている。

さらに法華経譬喩品《ひゆほんだい》第3に「法華経《ほけきょう》を誹謗《ひぼう》すれば無間地獄《むけんじごく》に堕《お》ちる」（法華経198～199ページ、趣意）とあるから、法然《ほうねん》の念仏《ねんぶつ》では極楽往生《ごくらくおうじょう》どころか、無間地獄に堕ちてしまうことになる。

第19章　『選択集《せんちゃくしゅう》』が謗法《ほうぼう》であると結論する

（新2332ページ15行目～2433ページ13行目）
（全24ページ9行目～24ページ4行目）

　ここにおいて、代《よ》は末代《まつだい》に及《およ》び、人《ひと》は聖人《しょうにん》にあらず。各冥衢《おのおのみょうく》に容《い》ってならびに直道《じきどう》を忘《わす》る。悲《かな》しいかな、瞳矇《どうもう》を樹《た》てず。痛《いた》ましいかな、いたずらに邪信《じゃしん》を催《もよお》す。故《ゆえ》に、上国王《かみこくおう》より下土民《しもどみん》に至《いた》るまで、皆《みな》、経《きょう》は浄土三部《じょうどさんぶ》の外《ほか》の経無《きょうな》く、仏《ほとけ》は弥陀三尊《みださんぞん》の外《ほか》の仏無《ほとけな》しと謂《おも》えり。

　よって、伝教《でんぎょう》・義真《ぎしん》・慈覚《じかく》・智証《ちしょう》等、あるいは万里《ばんり》の波濤《はとう》を渉《わた》って渡《わた》せしところの聖教《しょうぎょう》、あるいは一朝《いっちょう》の山川《さんせん》を廻《めぐ》って崇《あが》むるところの仏像《ぶつぞう》、もしは高山《こうざん》の巓《いただき》に華界《けかい》を建《た》てて、もって安置《あんち》し、もしは深谷《しんこく》の底《そこ》に蓮宮《れんぐう》を起《た》てて、もって崇重《すうちょう》す。釈迦《しゃか》・薬師《やくし》の光《ひかり》を並《なら》ぶるや、威《い》を現当《げんとう》に施《ほどこ》し、虚空《こくう》・地蔵《じぞう》の化《け》を成《な》すや、益《やく》を生後《しょうご》に被《こうむ》らしむ。故《ゆえ》に、国主《こくしゅ》は郡郷《ぐんごう》を寄《よ》せて、もって灯燭《とうしょく》を明《あか》るくし、地頭《じとう》は田園《でんえん》を充《あ》てて、もって供養《くよう》に備《そな》う。しかるに、法然《ほうねん》の選択《せんちゃく》に依《よ》って、則《すなわ》ち教主《きょうしゅ》を忘《わす》れて西土《さいど》の仏駄《ぶっだ》を貴《たっと》び、付嘱《ふぞく》を抛《なげう》って東方《とうほう》の如来《にょらい》を閣《さしお》き、ただ四巻三部《しかんさんぶ》の経典《きょうてん》のみを専《もっぱ》らにして空《むな》しく一代《いちだい》五時《ごじ》の妙典《みょうてん》を抛《なげう》つ。ここをもって、弥陀《みだ》の堂《どう》にあらざれば皆供仏《みなくぶつ》の志《こころざし》を止《とど》め、念仏《ねんぶつ》の者《もの》にあらざれば早《はや》く施僧《せそう》の懐《おも》いを忘《わす》る。故《ゆえ》に、仏堂零落《ぶつどうれいらく》して瓦《が》松《しょう》の煙《けむり》老《お》い、僧房荒廃《そうぼうこうはい》して庭草《ていそう》の露《つゆ》深《ふか》し。しかりといえども、各《おのおの》護惜《ごしゃく》の心《こころ》を捨《す》て、ならびに建立《こんりゅう》の思《おも》いを廃《はい》す。ここをもって、住持《じゅうじ》の聖僧《しょうそう》行《い》って帰《かえ》らず、守護《しゅご》の善神《ぜんじん》去《さ》って来《きた》ることなし。これひとえに法然《ほうねん》の選択《せんちゃく》に依《よ》るなり。

悲《かな》しいかな、数十年《すうじゅうねん》の間《あいだ》、百千万《ひゃくせんまん》の人《ひと》、魔縁《まえん》に蕩《とろ》かされて多《おお》く仏教《ぶっきょう》に迷《まよ》えり。謗《ぼう》を好《この》んで正《しょう》を忘《わす》る。善神《ぜんじん》怒《いか》りをなさざらんや。円《えん》を捨《す》てて偏《へん》を好《この》む。悪鬼《あっき》便《たよ》りを得《え》ざらんや。

しかず、彼《か》の万祈《ばんき》を修《しゅ》せんよりは、この一凶《いっきょう》を禁《きん》ぜんには。

通解

このように考えてくると、時代は末法《まっぽう》の時代に至《いた》っており、人々は聖人《しょうにん》ではない。（ゆえに法の正邪《せいじゃ》をわきまえられない）このため皆《みな》、迷《まよ》いの暗い道に入って成仏《じょうぶつ》への直道《じきどう》を忘《わす》れてしまっている。悲《かな》しむべきことには、誰《だれ》一人としてその暗愚《あんぐ》を正《ただ》そうとしない。痛《いた》ましいことには、いたずらに邪信《じゃしん》を起《お》こすばかりである。

それゆえ、上《かみ》は国王から下《しも》は万民《ばんみん》に至《いた》るまで皆《みな》、経《きょう》といえば浄土三部経《じょうどさんぶきょう》以外《いがい》にはなく、仏といえば阿弥陀三尊《あみださんぞん》（＝阿弥陀仏と、その脇士《きょうじ》である観音菩薩《かんのんぼさつ》と勢至菩薩《せいしぼさつ》）以外にはないと思っている。

かつては伝教《でんぎょう》・義真《ぎしん》・慈覚《じかく》・智証《ちしょう》らが万里《ばんり》の波濤《はとう》を渡《わた》って中国からもたらした経典《きょうてん》や、日本中の山川《さんせん》を巡《めぐ》って求《もと》めた崇《あが》めるべき仏像《ぶつぞう》を、高山《こうざん》の頂《いただき》に仏堂伽藍《ぶつどうがらん》を建《た》てて安置《あんち》したり、深い谷の底に寺院《じいん》を建《た》てたりして崇拝《すうはい》し尊重《そんちょう》した。

（比叡山《ひえいざん》に安置《あんち》された）釈迦如来《しゃかにょらい》・薬師如来《やくしにょらい》の威光《いこう》が並《なら》んで輝《かがや》き、その功力《くりき》を現世《げんぜ》および未来世《みらいせ》にもたらし、虚空蔵菩薩《こくうぞうぼさつ》・地蔵菩薩《じぞうぼさつ》が人々を教化《きょうけ》して、その利益《りやく》を今生《こんじょう》と後生《ごしょう》にわたって受けさせていた。ゆえに、国王は一《いち》郡《ぐん》・一郷《いちごう》という広大《こうだい》な領地《りょうち》を寄進《きしん》して寺々《てらでら》の灯燭《とうしょく》を明々《あかあか》と灯《とも》し、地頭《じとう》は田畑《たはた》を供養《くよう》に当てた。

しかし、法然《ほうねん》の『選択集《せんちゃくしゅう》』によって、人々は教主《きょうしゅ》である釈尊《しゃくそん》を忘《わす》れて西方《さいほう》の極楽世界《ごくらくせかい》の仏である阿弥陀如来《あみだにょらい》を貴《とうと》び、伝教大師《でんぎょうだいし》以来《いらい》の伝統《でんとう》を抛《なげう》って東方《とうほう》の浄瑠璃世界《じょうるりせかい》の薬師如来《やくしにょらい》を閣《さしお》き、ただ浄土三部経《じょうどさんぶきょう》4巻（＝無量寿経《むりょうじゅきょう》2巻・

観無量寿経《かんむりょうじゅきょう》1巻・阿弥陀経《あみだきょう》1巻）の経典《きょうてん》のみをもっぱらに信仰《しんこう》して、釈尊《しゃくそん》の一代五時《いちだいごじ》の妙《たえ》なる経典を抛《なげう》ってしまったのである。

その結果、阿弥陀如来《あみだにょらい》の堂《どう》でなければ皆《みな》、仏を供養《くよう》しようとの志《こころざし》を起《お》こさなくなり、念《ねん》仏《ぶつ》する者に対してでなければ、僧《そう》に布施《ふせ》をしようとの思いを早々《はやばや》と忘《わす》れているのである。そのために仏堂《ぶつどう》は落《お》ちぶれて瓦松《かわらまつ》（＝ツメレンゲ）が煙《けむり》のように生《は》えて久《ひさ》しく、僧坊《そうぼう》も荒《こう》廃《はい》して生《お》い茂《しげ》る庭草《にわくさ》の露《つゆ》が深い。そのような状況《じょうきょう》にもかかわらず、人々は法を守り惜《お》しむ心を捨《す》て、また寺塔《じとう》を建立《こんりゅう》しようとの思いも廃《すた》れさせている。このために、法を護持《ごじ》する聖僧《せいそう》はいなくなってしまい、守護《しゅご》の善神《ぜんじん》も去《さ》ったまま二度と帰《かえ》ってこない。これはひとえに法然《ほうねん》の著《あらわ》した『選択集《せんちゃくしゅう》』によって起《お》きたのである。

悲しいことには、この数十年の間に、百千万の人が法然《ほうねん》の魔《ま》の働《はたら》きにたぶらかされて、多くの人が仏の教えに迷《まよ》ってしまった。謗法《ほうぼう》の教えを好《この》んで、正法を忘《わす》れている。どうして善神《ぜんじん》が怒《いか》りを起《お》こさないだろうか。円満《えんまん》の法《ほう》を捨《す》てて、偏頗《へんぱ》な教えを好《この》んでいる。どうして悪鬼《あっき》が便《たよ》りを得《え》ないでいるだろうか。（災難《さいなん》を根絶《こんぜつ》するには）あのような万《まん》の祈《いの》りを行うよりも、この一凶《いっきょう》である法然《ほうねん》の謗法《ほうぼう》を禁《きん》ずることが最《もっと》も大事《だいじ》である。

語訳

【伝教《でんぎょう》】伝教大師最澄《さいちょう》。8～9世紀《せいき》、平安初期《へいあんしょき》の日本天台宗《てんだいしゅう》の開祖《かいそ》。比叡山《ひえいざん》（後の延暦寺《えんりゃくじ》、滋賀県大津市《しがけんおおつし》）を拠点とし、延暦《えんりゃく》23年（804年）に唐《とう》に渡って天台学を学ぶ。帰国《きこく》して延暦《えんりゃく》25年（806年）、日本に天台宗を開《ひら》き、法華経の卓越性《たくえつせい》を主張し宣揚《せんよう》した。

【義真《ぎしん》】8～9世紀《せいき》、伝教大師《でんぎょうだいし》の弟子《でし》。伝教大師の後を受けて延暦寺《えんりゃくじ》初代座主《ざす》になった。伝教大師が唐《とう》に渡った際には、訳語僧《やくごそう》として同行《どうこう》した。

【慈覚《じかく》】慈覚大師円仁《えんにん》。8～9世紀《せいき》、延暦寺《えんりゃくじ》第3代座主《ざす》。承和《じょうわ》5年（838年）唐《とう》に留学。同14年（847年）帰国《きこく》。

【智証《ちしょう》】智証大師円珍《えんちん》。9世紀《せいき》、延暦寺《えんりゃくじ》第5代座主《ざす》。仁寿《にんじゅ》3年（853年）唐《とう》に留学。天安《てんあん》2年（858年）帰国《きこく》。

ここでは、国中の人々が法然《ほうねん》の邪義《じゃぎ》に惑《まど》わされて、正法を忘《わす》れていった様相《ようそう》が描《えが》かれている。

解説

民衆の生命力《せいめいりょく》を奪《うば》った念仏《ねんぶつ》

日蓮大聖人は第4段の最後に、「しかず、彼《か》の万祈《ばんき》を修《しゅ》せんよりは、この一凶《いっきょう》を禁《きん》ぜんには」と、すべてに先《さき》んじて、まず災難《さいなん》の根本《こんぽん》の「一凶」である法然《ほうねん》の邪義《じゃぎ》を禁《きん》ぜよと訴《うった》えられた。

このように、特に法然《ほうねん》一人を取《と》り上《あ》げて破折《はしゃく》されているのは、一つには法然の立義《りゅうぎ》が謗法《ほうぼう》の典型《てんけい》だからである。さらには、当時の民衆に法然の浄土宗《じょうどしゅう》が最《もっと》も浸透《しんとう》していたことと無関係《むかんけい》ではない。

釈尊《しゃくそん》が方便《ほうべん》として説《と》いた西方《さいほう》の極楽世界《ごくらくせかい》は、娑婆世界《しゃばせかい》の苦悩《くのう》に沈《しず》む人々を励《はげ》ますために仮《かり》にかなたに仏国土《ぶっこくど》があるとして描《えが》かれたものと考えられる。

これに対し法華経では、現実《げんじつ》の娑婆世界《しゃばせかい》こそ本来《ほんらい》、久遠《くおん》の仏の住《す》む浄土《じょうど》であるということを明かす。衆生の一念《いちねん》の転換《てんかん》とそれに基《もと》づく仏国土建設《ぶっこくどけんせつ》により浄土を現出《げんしゅつ》させることができると教え、励ますのである。

逆に念仏の教え、すなわち今いる場とは違《ちが》う所に浄土《じょうど》を求《もと》め憧《あこが》れる生き方は、現実への諦《あきら》めと無力感《むりょくかん》、逃避《とうひ》をもたらすことに通《つう》じる。

当時は、天変地異《てんぺんちい》・飢饉《ききん》・疫病《えきびょう》が続く、混乱した困難な世相《せそう》である。この念仏《ねんぶつ》の思想《しそう》が、一種《いっしゅ》の〝終末観《しゅうまつかん》〟として広まっていた末法思想《まっぽうしそう》と重《かさ》なり、人々の不安や絶望感《ぜつぼうかん》を募《つの》らせていったことは間違《まちが》いない。まさに「念仏《ねんぶつ》の哀音《あいおん》」（新931㌻・全96㌻）と仰《おお》せのように、厭世的《えんせいてき》な響《ひび》きが人々から生命力《せいめいりょく》を奪《うば》いつつあった。

大聖人が念仏《ねんぶつ》を厳《きび》しく破折《はしゃく》されたのは、それが釈尊《しゃくそん》の真意《しんい》を明《あ》かした法華経をも否定《ひてい》して取《と》って代《か》わり、仏法を内側《うちがわ》から大きく破壊《はかい》し社会の精神的支柱《せいしんてきしちゅう》を倒壊《とうかい》させる「一凶《いっきょう》」と見抜《みぬ》かれたからであると拝《はい》される。

根源《こんげん》の「一凶《いっきょう》」を禁《きん》じる戦いを

広宣流布は思想戦《しそうせん》であり、言論戦《げんろんせん》である。大聖人の「一凶《いっきょう》を禁《きん》ずる」視点《してん》は、時代を超《こ》えて、さまざまな次元《じげん》に通《つう》ずる。

「一凶《いっきょう》」を見抜《みぬ》き、「一凶」と戦うことは、私たち一人一人の人間革命においても不可欠《ふかけつ》である。自身の成長《せいちょう》を妨《さまた》げる「心の一凶」とは何かを常に問い、それを打《う》ち破《やぶ》って挑戦《ちょうせん》を重《かさ》ねるところに、無限《むげん》の向上《こうじょう》と境涯《きょうがい》の拡大《かくだい》がある。

さらには、現代社会の閉塞感《へいそくかん》の根底《こんてい》には、「自分一人が何をしても変わらない」という、一人の人間の力《ちから》の矮小化《わいしょうか》や生命《せいめい》の無限《むげん》の可能性《かのうせい》を否定《ひてい》する「諦《あきら》め」の思想《しそう》があるだろう。仏法対話の際に、私たちが真《しん》に対峙《たいじ》し破折《はしゃく》すべきものは、相手《あいて》の生命の奥底《おうてい》にある自己否定《ひてい》・人間蔑《べっ》視《し》・人間不信《ふしん》という「一凶《いっきょう》」である。

「万人成仏《ばんにんじょうぶつ》」を明《あ》かした法華経の真髄《しんずい》を説《と》く日蓮仏法を私たちが語り広げる目的《もくてき》は、一人一人を生命《せいめい》の尊厳《そんげん》と無限《むげん》の可能性《かのうせい》に目覚《めざ》めさせ、人間への信頼《しんらい》と尊敬《そんけい》を高めていくことにほかならない。

社会は必《かなら》ず変えられる。よき社会を断《だん》じて築《きず》こう。自分がその主体者《しゅたいしゃ》なのだ——。この確信《かくしん》に立ち、目の前の「一人」を励《はげ》まし、勇気と希望を送る対話運動こそが、たゆみなく変化《へんか》する時代にあって人々の精神性《せいしんせい》を高めゆく「立正安国《りっしょうあんこく》」の直道《じきどう》である。

◆池田先生の指針から（『勝利の経典「御書」に学ぶ』第22巻）

法華経は、一人の存在の中に尊極《そんごく》な仏の生命を見出《みいだ》す経典《きょうてん》です。その価値基準に照《て》らせば、たとえ法華経以外の思想でも、「生命尊厳《そんげん》」の価値を説《と》く思想を、互《たが》いに尊重《そんちょう》することができます。

反対に、「生命尊厳《そんげん》」を否定する思想は断じて容認《ようにん》しない。それが、真の寛容《かんよう》と慈悲《じひ》の精神です。

大聖人が「立正安国論《りっしょうあんこくろん》」で為政者《いせいしゃ》に諫暁《かんぎょう》しているのは、法華経以外の教えを全否定せよ、という排他的《はいたてき》なものではありません。人々に生命尊厳《そんげん》を説《と》いた法華経を捨《す》てさせる排他的な教えを放置してはならない、ということです。それも、〝謗法《ほうぼう》への布施《ふせ》を止《とど》める〟という、真の問題解決への正しき価値選択《せんたく》を、対話によって実現しようとされたのです。

具体的に大聖人が破折《はしゃく》を加えられた「一凶《いっきょう》」とは、人々の法華経信仰を奪《うば》う法然《ほうねん》の念仏《ねんぶつ》信仰です。

すなわち、法然《ほうねん》は、生命尊厳《そんげん》の大法である法華経を「捨閉閣抛《しゃへいかくほう》（捨《す》てよ、閉《と》じよ、閣《さしお》け、抛《なげう》て）」するように教えていたのです。

実際に当時、世の中に広まっていた念仏《ねんぶつ》の教えは、自身の努力を諦《あきら》めて苦悩の現実世界から逃避《とうひ》し、結局は、偉大な超越者《ちょうえつしゃ》にすがって、来世《らいせ》に安楽《あんらく》な浄土《じょうど》に生まれることを願うものでした。

これは、法華経の思想とは相反《あいはん》します。法華経は、わが胸中《きょうちゅう》にそなわる尊極《そんごく》の生命を開き現《あらわ》し、現実社会を浄化《じょうか》して、平和と幸福の楽土《らくど》を築いていくことを目指します。

末法の苦悩渦巻く五濁《ごじょく》の現実世界にあって、どこまでも主体者は、人間自身であることを教えている経典《きょうてん》なのです。

第5段　中国・日本の例を挙《あ》げて念仏《ねんぶつ》が亡国《ぼうこく》の原因と示《しめ》す

（新33～36ジペー・全24～25ジペー）

第20章　法然《ほうねん》の邪義《じゃぎ》に執着《しゅうちゃく》する旅人《たびびと》

（新33ジペー14行目～34ジペー11行目）
（全24ジペー5行目～15行目）

客殊《きゃくこと》に色《いろ》を作《な》して曰《い》わく、我《わ》が本師《ほんし》・釈迦文《しゃかもん》、浄土三部経《じょうどさんぶきょう》を説《と》きたまいてより以来《このかた》、曇鸞法師《どんらんほっし》は四論《しろん》の講説《こうせつ》を捨《す》てて一向《いっこう》に浄土《じょうど》に帰《き》し、道綽禅師《どうしゃくぜんじ》は涅槃《ねはん》の広業《こうごう》を閣《さしお》いてひとえに西方《さいほう》の行《ぎょう》を弘《ひろ》め、善導和尚《ぜんどうおしょう》は雑行《ぞうぎょう》を抛《なげう》って専修《せんじゅ》を立《た》て、恵心僧都《えしんそうず》は諸経《しょきょう》の要文《ようもん》を集《あつ》めて念仏《ねんぶつ》の一行《いちぎょう》を宗《むね》とす。弥陀《みだ》を貴重《きちょう》すること、誠《まこと》にもってしかなり。また往生《おうじょう》の人《ひと》、それいくばく《幾》ぞや。なかんずく法然聖人《ほうねんしょうにん》は、幼少《ようしょう》にして天台山《てんだいさん》に昇《のぼ》り、十七《じゅうなな》にして六十巻《ろくじっかん》に渉《わた》り、ならびに八宗《はっしゅう》を究《きわ》め、つぶさに大意《たいい》を得《え》たり。その外《ほか》、一切《いっさい》の経論《きょうろん》七遍反覆《しちへんはんぷく》し、章疏伝記《しょうしょでんき》究《きわ》め看《み》ざることなく、智《ち》は日月《にちがつ》に斉《ひと》しく、徳《とく》は先師《せんし》に越《こ》えたり。しかりといえども、なお出離《しゅつり》の趣《おもむき》に迷《まよ》って涅槃《ねはん》の旨《むね》を弁《わきま》えず。故《ゆえ》に、あまねく覿《み》、ことごとく鑑《かんが》み、深《ふか》く思《おも》い、遠《とお》く慮《おもんぱか》り、ついに諸《しょ》経《きょう》を抛《なげう》って専《もっぱ》ら念仏《ねんぶつ》を修《しゅ》す。その上《うえ》、一夢《いちむ》の霊応《れいおう》を蒙《こうむ》り、四裔《しえい》の親疎《しんそ》に弘《ひろ》む。故《ゆえ》に、あるいは勢至《せいし》の化身《けしん》と号《ごう》し、あるいは善導《ぜんどう》の再誕《さいたん》と仰《あお》ぐ。しからば則《すなわ》ち、十方《じっぽう》の貴賤《きせん》頭《こうべ》を低《た》れ、一朝《いっちょう》の男女《なんにょ》歩《あゆ》みを運《はこ》ぶ。しかしより来《このかた》、春秋《しゅんじゅう》推《お》し移《うつ》り、星霜相積《せいそうあいつ》もれり。

しかるに、忝《かたじけな》くも釈尊《しゃくそん》の教《おし》えを疎《おろそ》かにし、ほしいままに弥陀《みだ》の文《もん》を譏《そし》る。何《なん》ぞ、近年《きんねん》の災《わざわ》いをもって聖代《せいだい》の時《とき》に課《おお》せ、あながちに先師《せんし》を毀《そし》り、さらに聖人《しょうにん》を罵《の》るや。毛《け》を吹《ふ》いて疵《きず》を求《もと》め、皮《かわ》を剪《き》って血《ち》を出《い》だす。昔《むかし》より今《いま》に至《いた》るまで、かくのごとき悪言《あくごん》いまだ見《み》ず。惶《おそ》るべく、慎《つつし》むべし。罪業至《ざいごういた》って重《おも》し。科条《かじょう》いかでか遁《のが》れん。対座《たいざ》なおもって恐《おそ》れ有《あ》り。杖《つえ》を携《たずさ》えて則《すなわ》ち帰《かえ》らんと欲《ほっ》す。

通解

客《きゃく》が、とりわけ顔色を変えて怒《いか》って言う。

私たちの根本《こんぽん》の師《し》であられる釈迦牟尼仏《しゃかむにぶつ》（釈《しゃく》尊《そん》）が浄土三部経《じょうどさんぶきょう》をお説《と》きになって以来、曇《どん》鸞法師《らんほっし》は初《はじ》めは竜樹菩薩《りゅうじゅぼさつ》らの四論《しろん》（＝『中《ちゅう》論《ろん》』『十二門論《じゅうにもんろん》』『大智度論《だいちどろん》』『百論《ひゃくろん》』）を講説《こうせつ》するのを捨《す》ててひたすら浄土の教えに帰依《きえ》し、道《どう》綽禅師《しゃくぜんじ》は長大《ちょうだい》な涅槃経《ねはんぎょう》の講義《こうぎ》を閣《さしお》いて西方浄《さいほうじょう》土《ど》への往生《おうじょう》を目指《めざ》す修行《しゅぎょう》だけを弘《ひろ》め、善導和《ぜんどうお》尚《しょう》は雑行《ぞうぎょう》を抛《なげう》って専修念仏《せんじゅねんぶつ》を立《た》て、恵心僧都《えしんそうず》（源信《げんしん》）は『往生要集《おうじょうようしゅう》』で諸経《しょきょう》の要文《ようもん》を集めて念仏という一つの修行を肝要《かんよう》とした。阿弥陀仏《あみだぶつ》を貴《とうと》び重《おも》んじることは、まことにこのような状況《じょうきょう》である。また、極楽世界《ごくらくせかい》へ往《おう》生《じょう》した人は、どれほど多くいることだろう。

中でも法然聖人《ほうねんしょうにん》は、幼少《ようしょう》の時から比叡山《ひえいざん》に登《のぼ》り、17歳で60巻（＝天台大師《てんだいだいし》・妙楽大師《みょうらくだいし》の主《しゅ》書《しょ》）を読《よ》み尽《つ》くし、さらに八宗《はっしゅう》（＝華厳《けごん》・三《さん》論《ろん》・法相《ほっそう》・倶舎《くしゃ》・成実《じょうじつ》・律《りつ》・真言《しんごん》・天台《てんだい》）の教義《きょうぎ》を究《きわ》めて、それぞれの大意《たいい》を熟知《じゅくち》したのである。

そのほか一切《いっさい》の経論《きょうろん》を7遍《へん》も繰《く》り返《かえ》し読《よ》み、注釈書《ちゅうしゃくしょ》として目を通《とお》さなかったものはなく、その智慧《ちえ》は太陽や月に等《ひと》しく、その徳《とく》は先師《せんし》たちを超《こ》えている。

それでもなお、生死《しょうじ》の苦悩《くのう》から離《はな》れ出る道に迷《まよ》って、涅槃《ねはん》とはどのようなことかをわきまえることができなかった。ゆえに誰《だれ》にでも会って教えを請《こ》い、すべてを検討《けんとう》して深く思い遠《とお》く思慮《しりょ》を巡《めぐ》らして、ついに諸経《しょきょう》を抛《なげう》ち念《ねん》仏《ぶつ》だけを修行《しゅぎょう》することにしたのである。

そのうえ、ある時に善導《ぜんどう》から念仏弘通《ねんぶつぐつう》を認められるという夢を見て、遠《とお》く四方《しほう》の果《は》てまで親《した》しい者にも疎遠《そえん》な者にも念仏を弘《ひろ》めたのである。

それゆえ、人々は法然聖人《ほうねんしょうにん》を、あるいは勢《せい》至菩薩《しぼさつ》の化身《けしん》(=仏《ぶつ》・菩薩《ぼさつ》が衆生《しゅじょう》を利益《りやく》するために現《あらわ》した種々《しゅじゅ》の姿《すがた》)と呼《よ》び、あるいは善導《ぜんどう》の再誕《さいたん》と仰《あお》いだ。そうであるから、国中の人々が、身分《みぶん》の高い人も低《ひく》い人も頭《こうべ》をたれ男も女も法然聖人のもとへ足を運《はこ》んだ。それ以来、すでに長い年月を経《へ》て、今日《こんにち》に至《いた》った。

そうであるのに、もったいなくも(あなたは一切《いっさい》の災難《さいなん》の根源《こんげん》は法然《ほうねん》にあると言って)釈尊《しゃくそん》の説《と》かれた念仏《ねんぶつ》の教えをおろそかにし、ほしいままに阿弥陀仏《あみだぶつ》の誓願《せいがん》の文《もん》を謗《そし》っている。なにゆえに、近年《きんねん》に起《お》こった災《わざわ》いについて、法然聖人《ほうねんしょうにん》のいた素晴らしい時代にその源《みなもと》があるとし、強《し》いて念仏の先師《せんし》を謗《そし》り、さらに法然聖人を罵《ののし》るのか。

(あなたの法然聖人《ほうねんしょうにん》に対する悪口《わるくち》は)まるで毛《け》を吹《ふ》いて強《し》いて傷口《きずぐち》を求《もと》め、皮《かわ》を切《き》ってわざわざ血《ち》を出すようなものである。

昔《むかし》より今日《こんにち》に至《いた》るまで、このような悪言《あくげん》は、いまだ聞いたことがない。恐《おそ》れるべきであり慎《つつし》むべきである。
あなたの誹謗《ひぼう》の罪《つみ》は非常《ひじょう》に重《おも》い。その罪科《ざいか》をどうして逃《のが》れることができるだろうか。あなたと向かい合って座《すわ》ることすら恐《おそ》ろしい。杖《つえ》を携《たずさ》えて帰《かえ》ろうと思う。

語訳

【恵心僧都《えしんそうず》】10~11世紀《せいき》、日本天台宗《てんだいしゅう》の僧《そう》・源信《げんしん》のこと。恵心院《えしんいん》に住んでいたので恵心僧都と呼ばれる。『往生要集《おうじょうようしゅう》』を著《あらわ》して浄土教を広めた。

【六十巻《かん》】天台大師《てんだいだいし》智顗《ちぎ》の『法華玄義《ほっけげんぎ》』『法華文句《ほっけもんぐ》』『摩訶止観《まかしかん》』各10巻あわせて30巻、および妙楽大師《みょうらくだいし》湛然《たんねん》が釈《しゃく》した『法華玄義釈籤《ほっけげんぎしゃくせん》』『法華文句記《ほっけもんぐき》』『止観輔行伝弘決《しかんぶぎょうでんぐけつ》』の各10巻あわせて30巻、これらを合計して60巻をいう。

解説

第5段では、前段《ぜんだん》で明快《めいかい》に「文証《もんしょう》」を示《しめ》して法然《ほうねん》の念仏《ねんぶつ》を破折《はしゃく》したのをさらに進め、なお念仏に執着《しゅうちゃく》する客《きゃく》の反論《はんろん》に答えて、「道理《どうり》（理証《りしょう》）」と「現証《げんしょう》」をもって念仏が「一凶《いっきょう》」である理由を重《かさ》ねて明《あき》らかにする。

念仏《ねんぶつ》に対する執着《しゅうちゃく》を示《しめ》す

客《きゃく》の言い分は、大きく分けて次の3点である。

第1に、念仏宗《ねんぶつしゅう》が依拠する浄土三部経《じょうどさんぶきょう》は、釈尊《しゃくそん》が説《と》いた仏説《ぶっせつ》であり、中国の曇鸞《どんらん》・道綽《どうしゃく》・善《ぜん》導《どう》、日本の源信《げんしん》は、あらゆる教説《きょうせつ》を修《おさ》めた末《すえ》に念仏を選《えら》び取《と》ったのであるから、阿弥陀仏《あみだぶつ》を敬《うやま》うことには道理がある。

第2に、特に法然《ほうねん》は智《ち》・徳《とく》ともに優《すぐ》れ、一切《いっさい》の経論《きょうろん》を究《きわ》め尽《つ》くしたうえで諸経《しょきょう》を捨《す》て、専修《せんじゅ》念仏《ねんぶつ》を立てた。それゆえ、すべての人が敬《うやま》い帰依《きえ》しているのである。

第3に、主人《しゅじん》が今起きている災難《さいなん》を過去《かこ》の法然《ほうねん》に原因《げんいん》があるとするのは道理がなく、釈尊《しゃくそん》が説《と》いた浄土経典《じょうどきょうてん》を謗《そし》る重罪《じゅうざい》は逃《のが》れがたい。

要《よう》するに客《きゃく》は、宗教的権威《しゅうきょうてきけんい》や名声《めいせい》・評判《ひょうばん》を判断規準《はんだんきじゅん》として、念仏信仰《ねんぶつしんこう》には道理があり、主人《しゅじん》の主張《しゅちょう》には道理がないというのである。

第21章　道理によって法然《ほうねん》の邪義《じゃぎ》を打《う》ち破《やぶ》る

（新434ページ12行目〜535ページ6行目）
（全24ページ16行目〜25ページ5行目）

主人《しゅじん》咲《え》み、止《とど》めて曰《い》わく、辛《から》きことを蓼《たで》の葉《は》に習《なら》い、臭《くさ》きことを溷廁《こんし》に忘《わす》る。善言《ぜんごん》を聞《き》いて悪言《あくごん》と思《おも》い、謗者《ぼうしゃ》を指《さ》して聖人《しょうにん》と謂《い》い、正師《しょうし》を疑《うたが》って悪侶《あくりょ》に擬《ぎ》す。その迷《まよ》い誠《まこと》に深《ふか》く、その罪浅《つみあさ》からず。事《こと》の起《お》こりを聞《き》け。委《くわ》しくその趣《おもむき》を談《だん》ぜん。

釈尊説法《しゃくそんせっぽう》の内《うち》、一代五時《いちだいごじ》の間《あいだ》に先後《せんご》を立《た》てて権実《ごんじつ》を弁《べん》ず。しかるに、曇《どん》鸞《らん》・道綽《どうしゃく》・善導《ぜんどう》、既《すで》に権《ごん》に就《つ》いて実《じつ》を忘《わす》れ、先《せん》に依《よ》って後《ご》を捨《す》つ。いまだ仏教《ぶっきょう》の淵底《えんでい》を探《さぐ》らざる者《もの》なり。なかんずく法然《ほうねん》は、その流《なが》れを酌《く》むといえども、その源《みなもと》を知《し》らず。所以《ゆえん》はいかん。大乗経六百三十七部二千八百八十三巻《だいじょうきょうろっぴゃくさんじゅうななぶにせんはっぴゃくはちじゅうさんかん》、ならびに一切《いっさい》の諸《もろもろ》の仏菩薩《ぶつぼさつ》および諸《もろもろ》の世天等《せてんとう》をもって、捨閉閣抛《しゃへいかくほう》の字《じ》を置《お》いて、一切衆生《いっさいしゅじょう》の心《こころ》を薄《うす》んず。これひとえに私曲《しきょく》の詞《ことば》を展《の》べて全《まった》く仏経《ぶっきょう》の説《せつ》を見《み》ず。妄語《もうご》の至《いた》り悪口《あっく》の科《とが》、言《い》っても比《たぐ》い無《な》く、責《せ》めても余《あま》り有《あ》り。

人皆《ひとみな》その妄語《もうご》を信《しん》じ、ことごとく彼《か》の選択《せんちゃく》を貴《たっと》ぶ。故《ゆえ》に、浄土《じょうど》の三経《さんきょう》を崇《あが》めて衆経《しゅきょう》を抛《なげう》ち、極楽《ごくらく》の一仏《いちぶつ》を仰《あお》いで諸仏《しょぶつ》を忘《わす》る。誠《まこと》にこれ諸仏《しょぶつ》・諸経《しょきょう》の怨敵《おんてき》、聖僧《しょうそう》・衆人《しゅにん》の讐敵《しゅうてき》なり。この邪教《じゃきょう》、広《ひろ》く八荒《はっこう》に弘《ひろ》まり、あまねく十方《じっぽう》に遍《へん》す。

通解

主人《しゅじん》はほほ笑《え》み、帰《かえ》ろうとする客《きゃく》を引《ひ》き止《と》めて言った。

辛《から》い蓼《たで》の葉ばかり食べている虫は辛いことに慣《な》れてしまい、その辛さが分からなくなり、また、臭《くさ》い便所《べんじょ》の中に長くいると、そのにおいが分からなくなってしまうものである。（長年《ながねん》、悪法《あくほう》に染《そ》まった人はそれと同じで）あなたは善言《ぜんげん》を聞いて逆《ぎゃく》に悪言《あくげん》と思い、謗法《ほうぼう》の者を指《さ》して聖人《しょうにん》と言い、正師《しょうし》を疑《うたが》って悪僧《あくそう》のように思うのである。その迷《まよ》いはまことに深く、その罪《つみ》は浅《あさ》くない。

事《こと》の起《お》こりから聞きなさい。詳《くわ》しくその趣旨《しゅし》を語ろう。

釈尊《しゃくそん》は、説法《せっぽう》のうちに、すなわち一代五時《いちだいごじ》の間に、先後《せんご》を立て、権実《ごんじつ》（＝方便《ほうべん》の教えである権教《ごんきょう》と、真実《しんじつ》の教えである実教《じっきょう》）を立て分けている。ところが曇鸞《どんらん》・道綽《どうしゃく》・善導《ぜんどう》は、権教に執着《しゅうちゃく》して実教を忘《わす》れ、先に説《と》いた爾前《にぜん》の教えに依《よ》って後に説《と》いた法華経を捨《す》ててしまった。これは仏教の奥底《おうてい》を究《きわ》めていないのである。

中でも法然《ほうねん》は、これら曇鸞《どんらん》・道綽《どうしゃく》・善導《ぜんどう》の流《なが》れを継《つ》いでいるとは言いながら、その源《みなもと》を知らないのである。

なぜかといえば、大乗経《だいじょうきょう》の６３７部２８８３巻ならびに一切《いっさい》の仏《ぶつ》・菩薩《ぼさつ》および諸天《しょてん》などについて「捨閉閣抛《しゃへいかくほう》（捨《す》てよ、閉《と》じよ、閣《さしお》け、抛《なげう》て）」の４字を置《お》いて一切衆生《いっさいしゅじょう》のそれらに対する信仰《しんこう》の心を薄《うす》めてしまった。これはひとえに自分勝手な間違《まちが》った言葉《ことば》であって、まったく仏が説《と》かれた経典の説《せつ》を見ていない。うそのひどさ、悪口《わるくち》の罪科《ざいか》は、どんなに言っても他《ほか》に比《くら》べることができないほどであり、いくら責《せ》めても余《あま》りあるものである。

世の人々は皆《みな》、そのうそを信じ、ことごとく法然《ほうねん》の『選択集《せんちゃくしゅう》』を貴《とうと》んでいる。ゆえに浄《じょう》土三部経《どさんぶきょう》を崇《あが》めて、その他の一切経《いっさいきょう》を抛《なげう》ち、極楽浄土《ごくらくじょうど》の阿弥陀《あみだ》の一仏《いちぶつ》だけを仰《あお》いで、他《ほか》の諸仏《しょぶつ》を忘《わす》れている。まことに法然こそ諸仏・諸経の敵《てき》であり、一切の聖僧《せいそう》、多くの人々の仇敵《きゅうてき》である。この邪教《じゃきょう》が今では広く全国《ぜんこく》津々《つつ》浦々《うらうら》に広まり、あまねく十方《じっぽう》に行きわたってしまっているのである。

解説

〝主人《しゅじん》の主張《しゅちょう》には道理がない〟との客《きゃく》に対し、日蓮大聖人は「理証《りしょう》」を示《しめ》して法然《ほうねん》の邪義《じゃぎ》を明《あ》かされていく。

仮《かり》の教えを尊《とうと》ぶ仏法の怨敵《おんてき》

ここまで学んできた通り、「立正安国論《りっしょうあんこくろん》」は、主人《しゅじん》と客《きゃく》の対話形式《けいしき》で構成《こうせい》されている。しかし、主人の主張《しゅちょう》に対して客が感情的《かんじょうてき》に反発《はんぱつ》する様《さま》が示《しめ》されている。

正論《せいろん》を語る主人《しゅじん》に対し、客《きゃく》は「客色《きゃくいろ》を作《な》して曰《い》わく」（第3段第11章）、「客《きゃく》なお憤《いきどお》って曰《い》わく」（第4段第16章）と、感情《かんじょう》を高《たか》ぶらせ主人を批判《ひはん》していく。

そして、今回の範囲《はんい》である第5段に至《いた》ると、「客殊《きゃくこと》に色《いろ》を作《な》して曰《い》わく」と、その怒《いか》りは頂点《ちょうてん》に達《たっ》し、席《せき》を立とうとする。

その時に、主人《しゅじん》は、「咲《え》み、止《とど》めて曰《い》わく」――笑《え》みをたたえ、去《さ》ろうとする客《きゃく》を止《と》めて、話を続けるのである。

いかに無理解《むりかい》からの反発《はんぱつ》の言葉《ことば》を浴《あ》びせられようとも、一切《いっさい》を大境涯《だいきょうがい》で受け止め、自在《じざい》の対話で納得《なっとく》に導《みちび》いていく。この主人《しゅじん》の姿勢《しせい》にこそ、大聖人の「仏法対話の真髄《しんずい》」が込められているといえよう。

そして、答えにあたって主人《しゅじん》はまず、〝浄土経《じょうどきょう》は仏説《ぶっせつ》であり、曇鸞《どんらん》・道綽《どうしゃく》・善導《ぜんどう》などが、仏説を受けて念仏《ねんぶつ》を選《えら》んだのだから、念仏信仰《しんこう》は間違《まちが》いがない〟との客《きゃく》の第1の言い分を破折《はしゃく》していく。

その破折《はしゃく》の要点《ようてん》は、中国の曇鸞《どんらん》らが「権《ごん》」（＝仮《かり》の教《おし》え）である浄土経典《じょうどきょうてん》に依拠《いきょ》し、「実《じつ》」（＝真実《しんじつ》の教え）である法華経を捨《す》てる誤《あやま》りを犯《おか》したという点である。「いまだ仏教《ぶっきょう》の淵底《えんてい》を探《さぐ》らざる者《もの》なり」とは、曇鸞《どんらん》らが仏教の根底《こんてい》である仏の真実《しんじつ》を顕《あらわ》した法華経を究《きわ》めていない人々であるということである。

次に主人《しゅじん》は、客《きゃく》の第2の言い分である〝法然《ほうねん》が智《ち》・徳《とく》に優《すぐ》れ、一切経《いっさいきょう》を究《きわ》めたうえで念仏《ねんぶつ》を選《えら》んだ〟との点について、実は、法然は智に優《すぐ》れているどころか、「その流《なが》れを酌《く》むといえども、その源《みなもと》を知《し》らず」――すなわち曇鸞《どんらん》らを無批判《むひはん》に取り入れたにすぎず、曇鸞らの説《せつ》が法華経を探究《たんきゅう》せずに立てられたということすらも分かっていないと指摘《してき》する。

つまり、まったく仏説《ぶっせつ》を見ていないからこそ、法然《ほうねん》は浄土三部経《じょうどさんぶきょう》を除《のぞ》いた法華経を含《ふく》む一切経《いっさいきょう》を「捨《す》てよ、閉《と》じよ、閣《さしお》け、抛《なげう》て」との、厚顔無恥《こうがんむち》な邪義《じゃぎ》を立てることができたのだと仰《おお》せである。

客《きゃく》は主人《しゅじん》の法然批判《ほうねんひはん》を悪言《あくげん》であると批判するが、法然の「捨閉閣抛《しゃへいかくほう》」こそ、仏説《ぶっせつ》に背《そむ》くうそ悪言《あくげん》の極《きわ》みなのであり、人々が法華経などの諸経《しょきょう》を抛《なげう》ち、釈尊《しゃくそん》などの諸仏《しょぶつ》を忘《わす》れて法然に帰依《きえ》しているのは、法然のうそにたぶらかされているからである。それゆえ、法然は徳《とく》に優《すぐ》れているどころか、逆《ぎゃく》に仏法の敵《てき》なのであると断《だん》じられている。

第22章　中国における亡国《ぼうこく》の先例《せんれい》を挙《あ》げる（新35ページ7行目〜36ページ2行目）（全25ページ5行目〜15行目）

そもそも、近年《きんねん》の災《わざわ》いをもって往代《おうだい》を難《なん》ずるの由《よし》、あながちにこれを恐《おそ》る。いささか先例《せんれい》を引《ひ》いて汝《なんじ》が迷《まよ》いを悟《さと》すべし。

止観《しかん》の第二《だいに》に史記《しき》を引《ひ》いて云《い》わく「周《しゅう》の末《まつ》に被髪《ひはつ》・袒身《たんしん》にして、礼度《れいど》に依《よ》らざる者有《ものあ》り」。弘決《ぐけつ》の第二《だいに》にこの文《もん》を釈《しゃく》するに、左伝《さでん》を引《ひ》いて曰《い》わく「初《はじ》め平王《へいおう》の東《ひがし》に遷《うつ》るや、伊川《いせん》に被髪《ひはつ》の者《もの》の野《の》において祭《まつ》るを見《み》る。識者《しきしゃ》曰《い》わく『百年《ひゃくねん》に及《およ》ばじ。その礼《れい》まず亡《ほろ》びぬ』と」。ここに知《し》んぬ、徴前《しるしさき》に顕《あらわ》れ、災《わざわ》い後《のち》に致《いた》ることを。また「阮籍《げんせき》は逸才《いつざい》なりしに蓬頭《ほうとう》・散帯《さんたい》す。後《のち》に、公卿《こうけい》の子孫《しそん》、皆《みな》これに教《なら》って、奴狗相辱《どこうあいはずか》しむる者《もの》を方《まさ》に自然《じねん》に達《たっ》すといい、撙節《そんせつ》・兢持《きょうじ》する者《もの》を呼《よ》んで田舎《でんしゃ》となす。司馬氏《しばし》の滅《ほろ》ぶる相《そう》となす」

已上《いじょう》。

また慈覚大師《じかくだいし》の入唐巡礼記《にっとうじゅんれいき》を案《あん》ずるに云《い》わく「唐《とう》の武宗皇帝《ぶそうこうてい》、会昌元年《かいしょうがんねん》、勅《ちょく》して章敬寺《しょうきょうじ》の鏡霜法師《きょうそうほっし》をして諸寺《しょじ》において弥陀念仏《みだねんぶつ》の教《おし》えを伝《つた》えしむ。寺《てら》ごとに三日《みっか》巡輪《じゅんりん》すること絶《た》えず。同二年《どうにねん》、回鶻国《かいこつこく》の軍兵等《ぐんぴょうとう》、唐《とう》の堺《さかい》を侵《おか》す。同三年《どうさんねん》、河北《かほく》の節度使《せつどし》たちまち乱《らん》を起《お》こす。その後《のち》、大蕃国《だいばんこく》また命《めい》を拒《こば》み、回鶻国《かいこつこく》重《かさ》ねて地《ち》を奪《うば》う。およそ兵乱《ひょうらん》は秦項《しんこう》の代《よ》に同《おな》じく、災火《さいか》は邑里《ゆうり》の際《きわ》に起《お》こる。いかにいわんや、武宗《ぶそう》大《おお》いに仏法《ぶっぽう》を破《は》し、多《おお》く寺塔《じとう》を滅《めっ》す。乱《らん》を撥《おさ》むること能《あた》わずして、ついにもって事有《ことあ》り」已上取意《いじょうしゅい》。

通解

そもそも、（正嘉《しょうか》の大地震《おおじしん》〈1257年〉など）近年《きんねん》の災難《さいなん》について、昔《むかし》の法然《ほうねん》にその原因《げんいん》があるとすることは、とんでもない非難《ひなん》だと、あなた（客《きゃく》）はむやみに恐《おそ》れている。若干《じゃっかん》の先例《せんれい》を引いて迷《まよ》いを晴《は》らしてみよう。

天台大師《てんだいだいし》の『摩訶止観《まかしかん》』第2巻に、司馬遷《しばせん》の『史記《しき》』を引いて、こうある。

「中国・周《しゅう》の時代が終わる頃《ころ》、髪《かみ》を結《むす》ばず振《ふ》り乱《みだ》し、肌《はだ》をあらわにして礼儀《れいぎ》を守《まも》らない者がいた」と。（周の国は礼《れい》を重《おも》んじる伝統《でんとう》があった）

この『止観《しかん》』の文《もん》を、さらに妙楽大師《みょうらくだいし》は『止観輔行伝弘決《しかんぶぎょうでんぐけつ》』第2巻で『春秋左氏伝《しゅんじゅうさしでん》』を引いて解説《かいせつ》している。

「周《しゅう》の第13代の平王《へいおう》の代《だい》に（異民族《いみんぞく》の侵略《しんりゃく》を避《さ》けて）都《みやこ》を東《ひがし》の洛邑《らくゆう》に遷《うつ》した時、伊川《いせん》という地で、髪《かみ》を束《たば》ねずばらばらにした者が野原《のはら》で祭祀《さいし》を行《おこな》っているのが見られた。識者《しきしゃ》は言う。『あと100年もたたないうちに周《しゅう》は滅《ほろ》びるだろう。その前兆《ぜんちょう》として、まず礼《れい》が滅びてしまった』」と。

このことから分かるように、災難《さいなん》が起《お》こる時には、まずその兆《きざ》しが現《あらわ》れ、その後に災《わざわ》いが起こるのである。

また（『摩訶止観《まかしかん》』第2巻に）こうある。

「（西晋《せいしん》の時代に）阮籍《げんせき》（＝竹林《ちくりん》の七賢《しちけん》の一人で魏《ぎ》の賢人《けんじん》）という逸材《いつざい》がいたが、髪《かみ》を乱《みだ》し、着《き》物《もの》の帯《おび》を喪服《もふく》のように垂《た》らしていた。後に公《く》卿《ぎょう》の子弟《してい》が皆《みな》、阮籍《げんせき》にならって礼儀《れいぎ》を乱し、乱雑《らんざつ》な言葉《ことば》で互《たが》いに辱《はずかし》め合《あ》うのが人間本来《ほんらい》の在《あ》り方《かた》だと言い、反対《はんたい》に礼儀を重《おも》んずる慎《つつし》み深《ぶか》い者を田舎者《いなかもの》と呼《よ》んだ。これが（西晋《せいしん》の王である）司馬氏《しばし》が滅亡《めつぼう》する先相《せんそう》であった」と。

また、慈覚大師円仁《じかくだいしえんにん》の『入唐求法巡礼行《にっとうぐほうじゅんれいぎょう》記《き》』を調《しら》べてみると、次のように出ている。

「唐《とう》の武宗皇帝《ぶそうこうてい》は会昌《かいしょう》元年（841年）に勅《ちょく》命《めい》を発《はっ》して、（長安《ちょうあん》の）章敬寺《しょうきょうじ》の鏡霜法師《きょうそうほっし》に阿《あ》弥陀念仏《みだねんぶつ》の教えを諸寺《しょじ》で伝《つた》えさせた。そして、寺ごとに3日ずつ巡《めぐ》って説法《せっぽう》させ続けた。（ところが）翌年には、回鶻国《かいこつこく》（＝ウイグル）の軍兵《ぐんぴょう》が唐の国境地域《こっきょうちいき》を侵略《しんりゃく》してきた。会昌《かいしょう》3年には河北《かほく》の節度使《せつどし》（＝異民族《いみんぞく》を防《ふせ》ぐ軍司令官《ぐんしれいかん》）が突如《とつじょ》、反乱《はんらん》を起《お》こした。その後、（当時、唐の属国《ぞっこく》になっていた）大蕃国《だいばんこく》（＝チベット）が、再《ふたた》び唐の皇帝《こうてい》の命令《めいれい》を拒《こば》み、回鶻《かいこつ》国《こく》は重《かさ》ねて領地《りょうち》を奪《うば》った。兵乱《へいらん》は、あたかも秦《しん》の末期《まっき》の項羽《こうう》の時代と同じような激《はげ》しさで起こり、村も里《さと》も皆《みな》、災火《さいか》に巻《ま》き込《こ》まれてしまった。
まして武宗《ぶそう》は仏法を大いに破壊《はかい》し多く寺塔《じとう》を壊《こわ》したのであるから、それ以上の災難《さいなん》が起《お》こるのは当然《とうぜん》である。兵乱《へいらん》を抑《おさ》えることができず、ついには亡《な》くなってしまった」〈以上、趣意〉と。

語訳

【止観《しかん》】天台大師智顗《てんだいだいしちぎ》の『摩訶止観《まかしかん》』10巻の略称《りゃくしょう》。一心三観《いっしんさんがん》・一念三千《いちねんさんぜん》の法門を説《と》き、これを己心《こしん》に証《しょう》得《とく》する修行《しゅぎょう》の方途《ほうと》を示《しめ》した書。天台大師の講述《こうじゅつ》を弟子《でし》の章安大師灌頂《しょうあんだいしかんじょう》が筆録《ひつろく》した。天台三大部《さんだいぶ》の中でも根幹《こんかん》の著作《ちょさく》となる。

【弘決《ぐけつ》】妙楽大師湛然《みょうらくだいしたんねん》の『止観輔行伝弘決《しかんぶぎょうでんぐけつ》』10巻の略称《りゃくしょう》。天台《てんだい》大師の『摩訶止観《まかしかん》』の注釈書《ちゅうしゃくしょ》。妙楽《みょうらく》大師は、8世紀《せいき》の中国・唐《とう》の中国天台宗中興《ちゅうこう》の祖《そ》。禅《ぜん》・華厳《けごん》・法相《ほっそう》・密教《みっきょう》などが広まり天台宗が振るわなくなっていた時、法華一乗《ほっけいちじょう》の立場《たちば》から再興した。

解説

ここからは、〝近年《きんねん》の災難《さいなん》の原因《げんいん》を、わざわざ法然《ほうねん》の時代にまでさかのぼり、その責任《せきにん》を法然に転嫁《てんか》するのは道理に適《かな》わない〟という客《きゃく》の第3の言い分に対し、「現証《げんしょう》」を挙《あ》げて反《はん》論《ろん》する。

精神《せいしん》の荒廃《こうはい》が一国滅亡《いっこくめつぼう》の因《いん》に

中国の史実《しじつ》から、倫理《りんり》・精神《せいしん》・宗教《しゅうきょう》の乱《みだ》れが、やがて社会の乱れ、国の滅亡《めつぼう》につながった三つの例《れい》が示《しめ》されている。

初《はじ》めに主人《しゅじん》は、周《しゅう》が滅《ほろ》びた時の例《れい》を挙《あ》げる。周の国家は礼儀《れいぎ》をもととして建国《けんこく》された。しかし平王《へいおう》の世（紀元前《ぜん》8世紀《せいき》）に、髪《かみ》を束《たば》ねずばらばらにした姿《すがた》で、野原《のはら》で祭礼《さいれい》を行《おこな》っている者がいた。この礼節《れいせつ》を欠《か》いた光景《こうけい》を見た識者《しきしゃ》が、〝礼《れい》が滅びるのは、国が滅びる先兆《せんちょう》である〟と言った。事実《じじつ》その通りに周《しゅう》が滅びた。

次に主人《しゅじん》は、西晋《せいしん》（3世紀《せいき》）の例《れい》を引く。

この時代には、儒教倫理《じゅきょうりんり》の形式主義《けいしきしゅぎ》への反抗《はんこう》として、世を逃《のが》れ自然《しぜん》に交《まじ》わって談論風発《だんろんふうはつ》した「竹林《ちくりん》の七賢《しちけん》」と呼《よ》ばれる人々が出た。その首領格《しゅりょうかく》である阮籍《げんせき》の礼儀《れいぎ》を意《い》に介《かい》さない姿《すがた》に、当時の貴族《きぞく》の子弟《してい》が見習《みなら》い、礼儀を重《おも》んずる者を〝あれは田舎者《いなかもの》だ〟とあざけった。これが西晋《せいしん》の滅亡《めつぼう》する前兆《ぜんちょう》であった。

そのうえで、実際《じっさい》に念仏信仰《ねんぶつしんこう》が亡国《ぼうこく》の因《いん》となった先例《せんれい》として、唐末《とうまつ》の武宗皇帝《ぶそうこうてい》が念仏を全土《ぜんど》に弘《ひろ》めさせたところ、異民族《いみんぞく》が侵略《しんりゃく》してきたうえ内乱《ないらん》が勃発《ぼっぱつ》し、武宗皇帝自身も病《やまい》で命《いのち》を落《お》としたとの例を引かれている。

第23章　日本における亡国《ぼうこく》の例《れい》を挙《あ》げる

（新2536ジペー3行目〜5行目）
（全16ジペー行目〜18行目）

これをもってこれを惟《おも》うに、法然《ほうねん》は後鳥羽院《ごとばいん》の御宇《ぎょう》、建仁年中《けんにんねんちゅう》の者《もの》なり。彼《か》の院《いん》の御事《おんこと》既《すで》に眼前《がんぜん》に在《あ》り。しからば則《すなわ》ち、大唐《だいとう》に例《れい》を残《のこ》し、吾《わ》が朝《ちょう》に証《しょう》を顕《あらわ》す。汝疑《なんじうたが》うことなかれ、汝怪《なんじあや》しむことなかれ。ただすべからく凶《きょう》を捨《す》てて善《ぜん》に帰《き》し、源《みなもと》を塞《ふさ》ぎ根《ね》を截《た》つべし。

通解

こうしたことを考え合わせると、法然《ほうねん》は後《ご》鳥羽院《とばいん》の時代、建仁年中《けんにんねんちゅう》の者である。後鳥羽院が承久《じょうきゅう》の乱《らん》で滅《ほろ》び去《さ》ったことは眼前《がんぜん》の事実《じじつ》である。

このように、中国においては唐《とう》の滅亡《めつぼう》という先例《せんれい》があり、わが国では後鳥羽院《ごとばいん》はじめ三《さん》上皇《じょうこう》が流罪《るざい》されるという証拠《しょうこ》が現《あらわ》れている。

（念仏《ねんぶつ》が一国を滅《ほろ》ぼす元凶《げんきょう》であるということを）あなたは疑《うたが》ってはならないし、怪《あや》しんでもならない。

ただ亡国《ぼうこく》の元凶《げんきょう》を捨《す》て、善《ぜん》に帰依《きえ》し、悪の源《みなもと》を塞《ふさ》ぎ、その根《ね》を断《た》つべきである。

解説

主人《しゅじん》は、法然《ほうねん》の念仏《ねんぶつ》が、すでに日本でも亡国《ぼうこく》の現証《げんしょう》を現《あらわ》していることを示《しめ》す。

念仏《ねんぶつ》の亡国《ぼうこく》の現証《げんしょう》は厳然《げんぜん》

法然《ほうねん》が念仏《ねんぶつ》を弘《ひろ》め始《はじ》めたのは、後鳥羽院《ごとばいん》の時代であり、朝廷内《ちょうていない》において貴族《きぞく》の念仏信仰《しんこう》は大変な勢《いきお》いで広まっていた。

「彼《か》の院《いん》の御事《おんこと》」とは承久《じょうきゅう》の乱《らん》（承久《じょうきゅう》3年＝1221年）を指《さ》している。

承久《じょうきゅう》の乱《らん》は、後鳥羽上皇《ごとばじょうこう》が鎌倉幕府《かまくらばくふ》を倒《たお》そうとして起《お》こした戦乱《せんらん》で、朝廷側《ちょうていがわ》は敗北《はいぼく》を喫《きっ》し、後鳥羽院をはじめ3人の上皇が流罪《るざい》に処《しょ》せられるという結末《けつまつ》となった。これにより、当時の日本の政治的主導権《しゅどうけん》が、天皇《てんのう》・貴族《きぞく》から鎌倉の武士《ぶし》に決定的《けっていてき》に移《うつ》ったのである。

このように、中国・日本における現証《げんしょう》のうえから、主人《しゅじん》は法然《ほうねん》の謗法《ほうぼう》が亡国《ぼうこく》の因《いん》であることが間違《まちが》いないことを示《しめ》し、「汝疑《なんじうたが》うことなかれ、汝怪《なんじあや》しむことなかれ」と述べる。そして、「ただすべからく凶《きょう》を捨《す》てて善《ぜん》に帰《き》し、源《みなもと》を塞《ふさ》ぎ根《ね》を截《た》つべし」と断《だん》じ、社会の安穏《あんのん》を実現《じつげん》するためには、災《わざわ》いをもたらす悪の根源である法然の謗法の教えを断《た》たなければならないと結《むす》ぶのである。

第6段　念仏禁止《ねんぶつきんし》の進言《しんげん》の先例《せんれい》を挙《あ》げる

（新36～37ページ・全26ページ）

第24章　法然《ほうねん》の謗法《ほうぼう》を弁護《べんご》する

（新36ページ6行目～8行目）（全26ページ1行目～3行目）

客《きゃく》、いささか和《やわ》らいで曰《い》わく、いまだ淵底《えんでい》を究《きわ》めざるに、しばしばその趣《おもむき》を知《し》る。ただし、華洛《からく》より柳営《りゅうえい》に至《いた》るまで、釈門《しゃくもん》に枢楗《すうけん》在《あ》り、仏家《ぶっけ》に棟《とう》梁《りょう》在《あ》り。しかるに、いまだ勘状《かんじょう》を進《まい》らせず、上奏《じょうそう》に及《およ》ばず。汝《なんじ》、賤《いや》しき身《み》をもってたやすく莠言《ゆうげん》を吐《は》く。その義《ぎ》余《あま》り有《あ》り、その理《り》謂《いわ》れ無《な》し。

通解

客《きゃく》は、（主人《しゅじん》の諄々《じゅんじゅん》たる説《せつ》に）少し気持ちが和《やわ》らいで言う。

いまだあなたの教えの奥底《おうてい》までは究《きわ》め尽《つ》くしていないが、あらあら趣旨《しゅし》は分かった。

しかしながら華洛《からく》（＝京都《きょうと》）から柳営《りゅうえい》（＝鎌《かま》倉《くら》）に至《いた》るまで、釈尊《しゃくそん》の門下《もんか》には鍵《かぎ》というべき人物がいて、仏教界《ぶっきょうかい》には棟木《むなぎ》や梁《はり》というべき人物がいる。そうした人々でさえ、今日《こんにち》まで誰《だれ》一人として、法然《ほうねん》について幕府《ばくふ》に勘状《かんじょう》（＝意見書《いけんしょ》）を上申《じょうしん》した者もなければ、朝廷《ちょうてい》に上奏《じょうそう》した者もいない。

あなたは卑《いや》しい身分《みぶん》でありながら、軽々《かるがる》しく邪悪《じゃあく》な言葉《ことば》を吐《は》く。その主張《しゅちょう》は行《ゆ》き過《す》ぎであり、その理屈《りくつ》には根拠《こんきょ》がない。

解説

主人《しゅじん》の理路整然《りろせいぜん》たる破折《はしゃく》を受けて、客《きゃく》は少し態度《たいど》を和《やわ》らげるものの、まだ全面的《ぜんめんてき》に納得《なっとく》しているわけではない。

客《きゃく》は世間的《せけんてき》な評価《ひょうか》を重視《じゅうし》

客《きゃく》は、京都《きょうと》から鎌倉《かまくら》に至るまで、仏教界《ぶっきょうかい》の高僧《こうそう》・名僧《めいそう》が誰《だれ》一人として法然《ほうねん》の邪義《じゃぎ》を幕府《ばくふ》に訴《うった》えたり朝廷《ちょうてい》に上奏《じょうそう》したりしていないと述べ、主人《しゅじん》に対して〝卑《いや》しい身分《みぶん》の僧侶《そうりょ》でありながら、軽々《かるがる》しく法然聖人《しょうにん》を批判《ひはん》している〟と非難《ひなん》する。

つまり、法の正邪《せいじゃ》を判断《はんだん》・理解《りかい》しようとする前に、身分《みぶん》や前例《ぜんれい》などの世間的評価《せけんてきひょうか》を優先《ゆうせん》させているのである。

ここで日蓮大聖人があえて客《きゃく》に主人《しゅじん》のことを「賤《いや》しき身《み》」と言わせているのは、当時高僧《こうそう》とされていた者に比《くら》べて、大聖人が生《う》まれは貧《まず》しい漁師《りょうし》の家であり、有力《ゆうりょく》な門下《もんか》も寺も持たなかったことを指《さ》していると思われる。

これは、北条時頼《ほうじょうときより》をはじめ幕府《ばくふ》の為政者《いせいしゃ》たちが、当然《とうぜん》、起《お》こすであろう反応《はんのう》を想定《そうてい》されての仰《おお》せと拝《はい》される。

第25章　仏法の衰微《すいび》を嘆《なげ》く

（新36ページ9行目～11行目）
（全26ページ4行目～5行目）

主人《しゅじん》曰《い》わく、予《よ》、少量《しょうりょう》たりといえども、忝《かたじけな》くも大乗《だいじょう》を学《がく》す。蒼蠅《そうよう》、驥尾《きび》に附《ふ》して万里《ばんり》を渡《わた》り、碧蘿《へきら》、松頭《しょうとう》に懸《か》かって千尋《せんじん》を延《の》ぶ。弟子《でし》、一仏《いちぶつ》の子《こ》と生《う》まれて、諸経《しょきょう》の王《おう》に事《つか》う。何《なん》ぞ仏法《ぶっぽう》の衰微《すいび》を見《み》て心情《しんじょう》の哀惜《あいせき》を起《お》こさざらんや。

通解

主人《しゅじん》が言う。

私は（あなたが言われるように）取るに足りない身ではあるけれども、かたじけなくも大《だい》乗《じょう》の教えを学んでいる。青バエは驥《き》（＝1日に1000里《り》を走るという名馬《めいば》）の尾《お》に付いて万里《ばんり》を渡《わた》り、緑《みどり》のつる草は松《まつ》の枝先《えださき》に掛かって千尋《せんじん》の高さにまで伸《の》びることができる。仏弟子《ぶつでし》である私は、釈尊《しゃくそん》の子として生まれて、諸経《しょきょう》の王である法華経に仕《つか》えている。どうして仏法が衰微《すいび》するのを見て、哀惜《あいせき》の心情《しんじょう》を起《お》こさないでいられるだろうか。

語訳

【一仏《いちぶつ》】釈尊《しゃくそん》のこと。

解説

客《きゃく》が世間的評価《せけんてきひょうか》を優先《ゆうせん》させる考え方を示《しめ》したのに対し、主人《しゅじん》は真実《しんじつ》の仏法者の姿勢《しせい》を示すことをもって答えている。

主人《しゅじん》は自身を「少量」（取るに足らない者）であると謙遜《けんそん》しながら、「諸経《しょきょう》の王」である法華経を受持《じゅじ》する身として、今まさに仏法が滅《ほろ》びようとしているのを見ておきながら黙《だま》っているわけにはいかないとの真情《しんじょう》を吐露《とろ》する。

「蒼蠅《そうよう》、驥尾《きび》に附《ふ》して万里《ばんり》を渡《わた》り、碧蘿《へきら》、松頭《しょうとう》に懸《か》かって千尋《せんじん》を延《の》ぶ」と仰《おお》せである。「蒼蠅《そうよう》」「碧蘿《へきら》」は、主人《しゅじん》の社会的立場《たちば》などの外見的《がいけんてき》な姿《すがた》を譬《たと》え、万里《ばんり》を走る「驥《き》」や千尋《せんじん》の高さに至《いた》る「松」は、持《たも》つ法の偉大《いだい》さを譬えている。

「法妙《ほうみょう》なるが故《ゆえ》に人貴《にんたっと》し」（新1924ジペー・全1578ジペー）と仰《おお》せのように、人間の偉大《いだい》さは身《み》分《ぶん》や地位《ちい》ではなく、いかなる法を持《たも》ち、いかなる生き方をするかで決まるのである。

第26章　謗法呵責《ほうぼうかしゃく》の精神《せいしん》を説《と》く

（新2636ページ12行目〜15行目）
（全26ページ6行目〜8行目）

その上《うえ》、涅槃経《ねはんぎょう》に云《い》わく「もし善比丘《ぜんびく》あって、法《ほう》を壊《やぶ》る者《もの》を見《み》て、置《お》いて、呵責《かしゃく》し駆遣《くけん》し挙処《こしょ》せずんば、当《まさ》に知《し》るべし、この人《ひと》は仏法《ぶっぽう》の中《なか》の怨《あだ》なり。もし能《よ》く駆遣《くけん》し呵責《かしゃく》し挙処《こしょ》せば、これ我《わ》が弟子《でし》、真《しん》の声聞《しょうもん》なり」。余《よ》、善比丘《ぜんびく》の身《み》ならずといえども、「仏法《ぶっぽう》の中《なか》の怨《あだ》」の責《せ》めを遁《のが》れんがために、ただ大綱《たいこう》を撮《と》ってほぼ一端《いったん》を示《しめ》すのみ。

通解

そのうえ、涅槃経《ねはんぎょう》にはこうある。

「もし善《よ》い僧《そう》が、仏法を破壊《はかい》する者を見ていながら放置《ほうち》して、責《せ》め立てもせず追放《ついほう》もせず罪《つみ》を指摘《してき》して処断《しょだん》しないでいるなら、この人は仏法の中の敵《かたき》であると知らなければならない。もし追放《ついほう》し責め立て罪を指摘して処断《しょだん》するなら、私（釈尊《しゃくそん》）の弟子《でし》であり、真《しん》の声聞《しょうもん》である」と。

自分は善《よ》い僧《そう》の身ではないが、「仏法の中の敵《かたき》」と責《せ》められるのを逃《のが》れるために、ここではただ（謗法《ほうぼう》という仏法破壊《はかい》の）大筋《おおすじ》だけを取り上げて、ほぼその一端《いったん》を示《しめ》したのである。

語訳

【呵責《かしゃく》】叱《しか》り責《せ》めること。相手《あいて》の罪《つみ》を追及《ついきゅう》すること。
【駈遣《くけん》】その居所《いどころ》から追《お》い出《だ》すこと。
【挙処《こしょ》】その罪《つみ》を挙《あ》げて処断《しょだん》すること。

【声聞《しょうもん》】仏の教える声を聞いて覚《さと》りを目指す出家《しゅっけ》の弟子《でし》のこと。

解説

法然《ほうねん》の邪義《じゃぎ》を破折《はしゃく》する理由は、前章《ぜんしょう》の「心情《しんじょう》の哀惜《あいせき》」だけでなく、涅槃経《ねはんぎょう》に説《と》かれる厳《きび》しい戒《いまし》めのためでもある。この経文の戒《いまし》めは、二つの原則《げんそく》を教えている。

すなわち、一つは〝仏法を破壊《はかい》する邪説《じゃせつ》を説《と》く者を責《せ》めないで見過《みす》ごしている場合、その人自身も仏法の敵《かたき》となる〟ということであり、もう一つは、その反対《はんたい》に〝破法《はほう》の者を責めてこそ、真《しん》の仏弟子《ぶつでし》である〟ということである。

第27章　法然《ほうねん》らが上奏《じょうそう》によって流罪《るざい》されたことを示《しめ》す

（新636ページ16行目〜637ページ2行目）
（全26ページ9行目〜12行目）

その上《うえ》、去《い》ぬる元仁年中《げんにんねんちゅう》に延暦《えんりゃく》・興福《こうふく》の両寺《りょうじ》より度々奏聞《たびたびそうもん》を経《へ》、勅宣《ちょくせん》・御教書《みぎょうしょ》を申《もう》し下《くだ》して法然《ほうねん》の選択《せんちゃく》の印板《いんばん》を大講堂《だいこうどう》に取《と》り上《あ》げ、三世《さんぜ》の仏恩《ぶつおん》を報《ほう》ぜんがためにこれを焼失《しょうしつ》せしむ。法然《ほうねん》の墓所《ぼしょ》においては、感神院《かんじんいん》の犬神《いぬじ》人《にん》に仰《おお》せ付《つ》けて破却《はきゃく》せしむ。その門弟《もんてい》、隆寛《りゅうかん》・聖光《しょうこう》・成覚《じょうかく》・薩生等《さっしょうとう》は遠国《おんごく》に配流《はいる》せられ、その後《のち》いまだ御勘気《ごかんき》を許《ゆる》されず。あに「いまだ勘状《かんじょう》を進《まい》らせず」と云《い》わんや。

通解

そのうえ、さる元仁年中《げんにんねんちゅう》に比叡山延暦寺《ひえいざんえんりゃくじ》（＝天台宗《てんだいしゅう》の総本山《そうほんざん》）と興福寺《こうふくじ》（＝法相宗《ほっそうしゅう》の大本山、藤原氏《ふじわらし》の氏寺《うじでら》）の両寺《りょうじ》から、たびたび（法然《ほうねん》の邪義《じゃぎ》を禁止《きんし》すべきであるとの）上奏《じょうそう》がなされ、その結果《けっか》、勅宣《ちょくせん》（＝勅命《ちょくめい》の宣旨《せんじ》、天皇《てんのう》の命令書《めいれいしょ》）ならびに御教書《みぎょうしょ》（＝朝廷《ちょうてい》あるいは幕府《ばくふ》の公式文書《こうしきぶんしょ》）を申請《しんせい》して出してもらい、法然の『選択集《せんちゃくしゅう》』を印刷《いんさつ》する版木《はんぎ》を比叡山の大講堂《だいこうどう》に取《と》り上《あ》げ、過去・現在・未来の三世《さんぜ》の一切《いっさい》諸仏《しょぶつ》の恩《おん》を報《ほう》ずるために、これを焼《や》き捨《す》てた。

また法然《ほうねん》の墓《はか》は、感神院《かんじんいん》（＝京都《きょうと》・祇園《ぎおん》の八《や》坂神社《さかじんじゃ》の古称《こしょう》）の犬神人《いぬじにん》（＝八坂神社などに属《ぞく》し、境内《けいだい》の掃除《そうじ》をつかさどったり不浄《ふじょう》のものを取《と》り捨《す》てたりする役目《やくめ》をもった人々）に仰《おお》せつけて壊《こわ》した。

法然《ほうねん》の門弟《もんてい》である隆寛《りゅうかん》・聖光《しょうこう》・成覚《じょうかく》・薩生《さっしょう》らは遠国《おんごく》に流罪《るざい》され、その後いまだその処罰《しょばつ》が許《ゆる》されていない。

どうして「いまだ勘状《かんじょう》（＝意見書《いけんしょ》）を提出《ていしゅつ》していない」などといえるだろうか。

解説

〝仏教界《ぶっきょうかい》では、誰《だれ》一人として法然《ほうねん》の邪義《じゃぎ》を幕府《ばくふ》や朝廷《ちょうてい》に訴《うった》えた者はいない〟という客《きゃく》の言い分に対し、主人《しゅじん》は念仏《ねんぶつ》が禁《きん》じられた過去《かこ》の実例《じつれい》を挙《あ》げているところである。

法然《ほうねん》の浄土宗《じょうどしゅう》が広まり始めた元久《げんきゅう》元年（1204年）には、念仏禁止《ねんぶつきんし》を訴《うった》える延暦寺《えんりゃくじ》の衆徒《しゅうと》による蜂起《ほうき》（暴動《ぼうどう》）があった。

翌・元久《げんきゅう》2年（1205年）には興福寺《こうふくじ》から念仏禁止《ねんぶつきんし》の奏状《そうじょう》が出《だ》され、建永《けんえい》2年（1207年）には法然《ほうねん》はじめ一門《いちもん》は流罪《るざい》に処《しょ》せられている。

法然《ほうねん》の死後《しご》も浄土宗《じょうどしゅう》が広まることに危機感《ききかん》を抱《いだ》いた旧仏教《きゅうぶっきょう》の側《がわ》は念仏禁止《ねんぶつきんし》を訴《うった》え、元仁《げんにん》元年（貞応《じょうおう》3年＝1224年）には朝廷《ちょうてい》・幕府《ばくふ》から専修念仏《せんじゅねんぶつ》を禁止する勅宣《ちょくせん》・御教書《みぎょうしょ》が下《くだ》された。

それから3年後の嘉禄《かろく》3年（1227年）には、法然《ほうねん》の墓《はか》が破壊《はかい》され、門下《もんか》には流罪《るざい》に処《しょ》せられた者が出ている。

日蓮大聖人がこうした前例《ぜんれい》を挙《あ》げられているのは、当時の浄土宗《じょうどしゅう》と幕府《ばくふ》の深い癒着《ゆちゃく》を断《た》ち切《き》るよう、北条時頼《ときより》の決断《けつだん》を促《うなが》すためであると拝《はい》される。

第7段　仏の命令《めいれい》を示《しめ》して謗法《ほうぼう》の断絶《だんぜつ》を勧《すす》める

（新37～41ジペー・全26～30ジペー）

第7段の概要

この段《だん》では、法の正邪《せいじゃ》はなお分からないが災難《さいなん》を治《おさ》める方法を知りたいとする客《きゃく》に対して、「謗法《ほうぼう》の禁断《きんだん》」こそが災難を鎮《しず》め国土を安穏《あんのん》にする方途《ほうと》であることを、涅槃経《ねはんぎょう》の諸文《しょもん》と仁王経《にんのうきょう》の一文《いちもん》を挙《あ》げて示《しめ》されている。

これらの諸文《しょもん》では、正法を誹謗《ひぼう》する一闡提《いっせんだい》（正法を信じられない人）に対しては供養《くよう》してはならないこと（第30章）、正法誹謗《ひぼう》の悪僧《あくそう》と徹底的《てっていてき》に戦った仙予《せんよ》国王の例《れい》（第31章）、仏は国王など社会的な力《ちから》を持った者に仏法守護《しゅご》を託《たく》すことがあること（第32章・第33章）、釈尊《しゃくそん》自身が過去世《かこせ》で有徳王《うとくおう》として覚徳比丘《かくとくびく》を守《まも》るために謗法《ほうぼう》の悪僧《あくそう》と戦ったことで金剛《こんごう》の身を得《え》ることができ成《じょう》仏《ぶつ》することができたこと（第34章）などが説《と》かれている。

さらに、正法誹謗《ひぼう》の者は無間地獄《むけんじごく》に堕《お》ちるとの法華経譬喩品第3《ひゆほんだい》の経文を再《ふた》び引かれたうえで（第35章）、謗法《ほうぼう》への布施《ふせ》を行《おこな》ってはならないこと、謗法と戦う者には偉大《いだい》な功徳《くどく》があること（第36章）を示《しめ》されている。

そして本段《ほんだん》の最後（第37章）には、天下の泰平《たいへい》のために国中《くにじゅう》の謗法《ほうぼう》を断《た》つことを勧《すす》められている。

なお、この段《だん》の冒頭《ぼうとう》では、客《きゃく》が「夫《そ》れ、国《くに》は法《ほう》に依《よ》って昌《さか》え、法《ほう》は人《ひと》に因《よ》って貴《たっと》し」（新37ページ・全26ページ）と語《かた》っている。これは、客の言葉《ことば》とはいえ、国土の繁栄《はんえい》と仏法とそれを実践《じっせん》する人間の密接《みっせつ》な関係《かんけい》を示《しめ》す重要《じゅうよう》な言葉である。

第28章　災難《さいなん》を対治《たいじ》する方法を尋《たず》ねる

（新37ページ3行目～10行目）
（全26ページ13行目～18行目）

客則《きゃくすなわ》ち和《やわ》らいで曰《い》わく、経《きょう》を下《くだ》し僧《そう》を謗《ぼう》ずること、一人《いちにん》には論《ろん》じ難《がた》し。しかれども、大乗経六百三十七部二千八百八十三巻《だいじょうきょうろっぴゃくさんじゅうななぶにせんはっぴゃくはちじゅうさんかん》、ならびに一切《いっさい》の諸《もろもろ》の仏菩薩《ぶつぼさつ》および諸《もろもろ》の世天等《せてんとう》をもって、捨閉閣抛《しゃへいかくほう》の四字《しじ》に載《の》す。その詞勿論《ことばもちろん》なり、その文顕然《もんけんねん》なり。この瑕瑾《かきん》を守《まも》ってその誹謗《ひぼう》を成《な》せども、迷《まよ》って言《い》うか、覚《さと》って語《かた》るか、賢愚弁《けんぐべん》ぜず、是非定《ぜひさだ》め難《がた》し。

ただし、災難《さいなん》の起《お》こりは選択《せんちゃく》に因《よ》るの由《よし》、その詞《ことば》を盛《さか》んにし、いよいよその旨《むね》を談《だん》ず。詮《せん》ずるところ、天下泰平《てんかたいへい》・国土安穏《こくどあんのん》は君臣《くんしん》の楽《ねが》うところ、土民《どみん》の思《おも》うところなり。夫《そ》れ、国《くに》は法《ほう》に依《よ》って昌《さか》え、法《ほう》は人《ひと》に因《よ》って貴《たっと》し。国亡《くにほろ》び人滅《ひとめっ》せば、仏《ほとけ》を誰《たれ》か崇《あが》むべき、法《ほう》を誰《たれ》か信《しん》ずべきや。まず国家《こっか》を祈《いの》って、すべからく仏法《ぶっぽう》を立《た》つべし。もし災《わざわ》いを消《け》し難《なん》を止《とど》むるに術《じゅつ》有《あ》らば、聞《き》かんと欲《ほっ》す。

通解

客《きゃく》は、そこで心を和《やわ》らげて言う。

経《きょう》を下《くだ》し僧《そう》を謗《そし》るというのは、法然《ほうねん》一人だけのこととは論じがたい。

そうではあるが、法然《ほうねん》は大乗経《だいじょうきょう》637部2883巻ならびに一切《いっさい》の仏《ぶつ》・菩薩《ぼさつ》および諸天《しょてん》などを捨閉閣抛《しゃへいかくほう》の4字に載《の》せた。その言葉《ことば》はもちろんあり（実際《じっさい》に言っており）、その文《もん》ははっきりとしている。（しかし、この捨閉閣抛の4字は美しい玉《たま》にわずかな傷《きず》があるようなものであり）あなたは、この玉のわずかばかりの傷を重大視《じゅうだいし》して、そのような誹謗《ひぼう》をしているが、（あなたが）迷《まよ》って言っているのか、覚《さと》って語っているのか、（あなたが）賢《かしこ》いのか愚《おろ》かなのか、わきまえることはできないし、正しいのか誤《あやま》りなのか定《さだ》めることはできない。

そうはいっても災難《さいなん》の起《お》こりは『選択集《せんちゃくしゅう》』によるということは、あなたはその言葉《ことば》を盛《さか》んに言い、いよいよその旨《むね》を語っている。

要《よう》は、天下泰平《たいへい》・国土安穏《あんのん》こそが、主君《しゅくん》も臣下《しんか》も願《ねが》い求《もと》めるものであり、民衆が思いを募《つの》らせるものである。そもそも、国は（根本とする）法によって栄《さか》え、法は（それを崇《あが》める）人がいるからこそ貴《とうと》い。国が亡《ほろ》び人々がいなくなってしまえば、仏を誰《だれ》が崇めるだろうか。法を誰が信じるだろうか。まず国家の安《あん》泰《たい》を祈《いの》って、仏法を確立《かくりつ》するのがよい。もし災《わざわ》いを消《け》し難《なん》をとどめるのに手だてがあるなら、聞きたいと思う。

第29章　天下安穏《あんのん》の原理を説《と》く

（新1737ジペー11行目〜13行目）
（全27ジペー1行目〜3行目）

主人《しゅじん》曰《い》わく、余《よ》はこれ頑愚《がんぐ》にしてあえて賢《けん》を存《そん》せず。ただ経文《きょうもん》に就《つ》いていささか所存《しょぞん》を述《の》べん。そもそも治術《ちじゅつ》の旨《むね》、内外《ないげ》の間《かん》、その文《もん》幾多《いくた》ぞや。つぶさに挙《あ》ぐべきこと難《かた》し。ただし、仏道《ぶつどう》に入《い》ってしばしば愚案《ぐあん》を廻《めぐ》らすに、謗法《ほうぼう》の人《ひと》を禁《いまし》めて正道《しょうどう》の侶《りょ》を重《おも》んぜば、国中安穏《こくちゅうあんのん》にして天下泰平《てんかたいへい》ならん。

通解

主人《しゅじん》が言う。

私は頑《かたく》なで愚《おろ》かであって、決して賢《かしこ》いところなどはない。ただ経文に即《そく》して、いささか思うところを述べよう。

そもそも世を治《おさ》める術《すべ》が述べられたものは、仏教かそれ以外かを問わずどれほど多くあることだろう。すべてを挙《あ》げ切《き》ることはできない。

とはいえ、仏道《ぶつどう》に入《はい》ってよくよく愚案《ぐあん》を巡《めぐ》らしてみると、謗法《ほうぼう》の人を戒《いまし》めて正しい考えの人々を重《おも》んじるなら、国中《くにじゅう》は安穏《あんのん》になり天下は泰平《たいへい》となるだろう。

語訳

【謗法《ほうぼう》】誹謗《ひぼう》正法の略。正法、具体的には釈尊《しゃくそん》の教えの真意《しんい》を説《と》いた法華経を信じず、かえって反発し、悪口《わるくち》を言うこと。護法《ごほう》に対する語。日蓮大聖人は、文字通り正法を謗《そし》ることを謗法とするだけでなく、たとえ法華経を信じていても、法華経を爾前経《にぜんきょう》より劣《おと》る、あるいは同等であると位置《いち》づけて受容《じゅよう》することも、釈尊が法華経をあらゆる経に対して第一とした教判《きょうはん》に背《そむ》くので謗法とされている。そして、諸宗《しょしゅう》が犯《おか》しているこの謗法こそが、万人成仏《ばんにんじょうぶつ》という仏の根本の願《ねが》いに背《そむ》き人々を不幸に陥《おとしい》れるものであるので、仏法上、最《もっと》も重い罪《つみ》であると人々や社会に対して明示し、その誤《あやま》りを呵《か》責《しゃく》された。

第30章　涅槃経《ねはんぎょう》を引いて謗法《ほうぼう》への呵責《かしゃく》を説《と》く（新2737ページ14行目〜2738ページ7行目）（全1238ページ4行目〜1238ページ行目）

即《すなわ》ち、涅槃経《ねはんぎょう》に云《い》わく「仏言《ほとけのたま》わく『ただ一人《いちにん》のみを除《のぞ》いて余《よ》の一切《いっさい》に施《ほどこ》さば、皆《みな》、讃歎《さんだん》すべし』。純陀《じゅんだ》問《と》うて言《い》わく『いかなるをか名《な》づけて、ただ一人《いちにん》のみを除《のぞ》くとなす』。仏言《ほとけのたま》わく『この経《きょう》の中《なか》に説《と》くところのごときは破戒《はかい》なり』。純陀《じゅんだ》また言《い》わく『我今《われいま》いまだ解《げ》せず。ただ願《ねが》わくはこれを説《と》きたまえ』。仏《ほとけ》、純陀《じゅんだ》に語《かた》って言《のたま》わく『破戒《はかい》とは、一闡提《いっせんだい》を謂《い》う。その余《よ》のあらゆる一切《いっさい》に布施《ふせ》するは、皆《みな》、讃歎《さんだん》すべし。大果報《だいかほう》を獲《え》ん』。純陀《じゅんだ》また問《と》う『一闡提《いっせんだい》とは、その義《ぎ》いかん』。仏言《ほとけのたま》わく『純陀《じゅんだ》よ。もし比丘《びく》および比丘尼《びくに》・優婆塞《うばそく》・優婆夷《うばい》有《あ》って、麤悪《そあく》の言《ことば》を発《はっ》し、正法《しょうほう》を誹謗《ひぼう》し、この重業《じゅうごう》を造《つく》って永《なが》く改悔《かいげ》せず、心《こころ》に懺悔《さんげ》無《な》くんば、かくのごとき等《とう》の人《ひと》をば名《な》づけて一闡提《いっせんだい》の道《どう》に趣向《しゅこう》すとなす。もし四重《しじゅう》を犯《おか》し五逆罪《ごぎゃくざい》を作《つく》り、自《みずか》ら定《さだ》めてかくのごとき重事《じゅうじ》を犯《おか》すと知《し》れども、心《こころ》に初《はじ》めより怖畏《ふい》・懺悔《さんげ》無《な》く、あえて発露《ほつろ》せず、彼《か》の正法《しょうほう》において永《なが》く護惜建立《ごしゃくこんりゅう》の心《こころ》無《な》く、毀呰《きし》・軽《きょう》賤《せん》して言《ことば》に過咎《かぐ》多《おお》からば、かくのごとき等《とう》の人《ひと》をばまた一闡提《いっせんだい》の道《どう》に趣向《しゅこう》すと名《な》づく。ただかくのごとき一闡提《いっせんだい》の輩《やから》のみを除《のぞ》いてその余《よ》に施《ほどこ》さば、一切讃歎《いっさいさんだん》せん』と」。

通解

すなわち、涅槃経《ねはんぎょう》にはこうある。

「仏が仰《おお》せになった。『ただ一人のみを除《のぞ》いて、その他の一切《いっさい》の人への布施《ふせ》は皆《みな》、賛嘆《さんたん》するのがよい』

（釈尊《しゃくそん》の弟子《でし》である）純陀《じゅんだ》が質問《しつもん》して言う。『どのような人を、〝ただ一人のみを除《のぞ》く〟とされるのですか』

仏が仰《おお》せになる。『この経の中に説《と》いている破戒《はかい》の者である』

純陀《じゅんだ》がまた言う。『私は今まだ理解《りかい》できていません。ただただお願いします。お説《と》きください』

仏が純陀《じゅんだ》に語って仰《おお》せになる。『破戒《はかい》とは、一闡提《いっせんだい》をいうのである。その他《た》あらゆる一切《いっさい》への布施《ふせ》は皆《みな》、賛嘆《さんたん》するのがよい。大果報《だいかほう》を得《え》るだろう』

純陀《じゅんだ》がまた問う。『一闡提《いっせんだい》とは、それはどういう意味ですか』

仏が仰《おお》せになる。『純陀《じゅんだ》よ、もし僧《そう》や尼《あま》および在俗《ざいぞく》の男女がいて、粗悪《そあく》な言葉《ことば》を発《はっ》し、正法を誹謗《ひぼう》し、この重業《じゅうごう》をつくって永《なが》く悔《く》い改《あらた》めることなく、心の中にも反省がなければ、このような人を一闡提《いっせんだい》の道に向かい趣《おもむ》く者というのである。

もし、四重禁戒《しじゅうごんかい》を犯《おか》し、五逆罪《ごぎゃくざい》をつくり、自《みずか》ら確《たし》かにこのような重大《じゅうだい》な誤《あやま》りを犯《おか》したと知りながら、心に初《はじ》めから畏怖《いふ》や反省がなく、決《けっ》して告白《こくはく》せず、（自分が謗《そし》った）その正法に対して、永《なが》く守り惜《お》しみ確立《かくりつ》しようとする心がなく、謗ったり軽《かろ》んじたりして発言《はつげん》に過《あやま》ちが多いなら、このような人をまた一闡提《いっせんだい》の道に向かい趣《おもむ》く者というのである。

ただこのような一闡提《いっせんだい》の輩《やから》のみを除《のぞ》いて、その他に布施《ふせ》をするなら、一切《いっさい》の人が賛嘆《さんたん》するだろう』」と。

語訳

【一闡提《いっせんだい》】サンスクリットのイッチャンティカの音写。本来は「欲求《よっきゅう》しつつある人」の意で、真理を信じようとしない快楽主義者《かいらくしゅぎしゃ》や現世《げんぜ》主義者をさした。仏法では、覚《さと》りを求める心がなく、成仏する機《き》縁《えん》をもたない衆生をいう。また、仏の正法を信ぜずかえって反発・誹謗《ひぼう》し、その重罪を悔《く》い改《あらた》めない不信・謗法《ほうぼう》の者のこと。無間地獄《むけんじごく》に堕《お》ちるとされる。

【四重《しじゅう》】四重禁戒《しじゅうごんかい》のこと。教団追放《きょうだんついほう》となる四重罪《しじゅうざい》（殺生《せっしょう》・偸盗《ちゅうとう》・邪婬《じゃいん》・妄語《もうご》）を犯《おか》さないよう禁止《きんし》し戒《いまし》めること。

第31章　仙予《せんよ》国王による謗法《ほうぼう》の断絶《だんぜつ》を示《しめ》す

（新38ページ8行目〜39ページ2行目）
（全27ページ13行目〜28ページ3行目）

また云《い》わく「我往昔《われむかし》を念《おも》うに、閻浮提《えんぶだい》において大国《たいこく》の王《おう》と作《な》り、名《な》づけて仙予《せんよ》と曰《い》いき。大乗経典《だいじょうきょうてん》を愛念《あいねん》し敬重《きょうじゅう》し、その心純善《こころじゅんぜん》にして、麤悪《そあく》・嫉悋《しつりん》有《あ》ることなし。善男子《ぜんなんし》よ。我《われ》はその時《とき》において心《こころ》に大乗《だいじょう》を重《おも》んず。婆羅門《ばらもん》の方等《ほうどう》を誹謗《ひぼう》するを聞《き》き、聞《き》き已《お》わって即時《そくじ》にその命根《みょうこん》を断《だん》ず。善男子《ぜんなんし》よ。この因縁《いんねん》をもって、これより已来《このかた》、地獄《じごく》に堕《お》ちず」。

また云《い》わく「如来《にょらい》は、昔《むかし》、国王《こくおう》となって菩薩《ぼさつ》の道《どう》を行《ぎょう》ぜし時《とき》、そこばくの婆羅門《ばらもん》の命《いのち》を断絶《だんぜつ》す」。

また云《い》わく「殺《せつ》に三《みっ》つ有《あ》り。謂《い》わく下《げ》・中《ちゅう》・上《じょう》なり。下《げ》とは、蟻子乃至《ありのこないし》一切《いっさい》の畜生《ちくしょう》なり。ただ菩薩《ぼさつ》の示現生《じげんしょう》の者《もの》のみを除《のぞ》く。下殺《げせつ》の因縁《いんねん》をもって地獄《じごく》・畜生《ちくしょう》・餓鬼《がき》に堕《お》ちて、つぶさに下《げ》の苦《く》を受《う》く。何《なに》をもっての故《ゆえ》に。この諸《もろもろ》の畜生《ちくしょう》に微《わず》かの善根《ぜんこん》有《あ》り。この故《ゆえ》に、殺《ころ》す者《もの》はつぶさに罪報《ざいほう》を受《う》く。中殺《ちゅうせつ》とは、凡夫人《ぼんぷにん》より阿那含《あなごん》に至《いた》るまで、これを名《な》づけて中《ちゅう》となす。この業因《ごういん》をもって地獄《じごく》・畜生《ちくしょう》・餓鬼《がき》に堕《お》ちて、つぶさに中《ちゅう》の苦《く》を受《う》く。上《じょう》殺《せつ》とは、父母乃至阿羅漢《ふぼないしあらかん》・辟支仏《ひゃくしぶつ》・畢定《ひつじょう》の菩薩《ぼさつ》なり。阿鼻大地獄《あびだいじごく》の中《なか》に堕《お》つ。善男子《ぜんなんし》よ。もし能《よ》く一闡提《いっせんだい》を殺《ころ》すことあらば、則《すなわ》ちこの三種《さんしゅ》の殺《せつ》の中《なか》に堕《お》ちず。善男子《ぜんなんし》よ。彼《か》の諸《もろもろ》の婆羅門《ばらもん》等《とう》は、一切皆《いっさいみな》これ一闡提《いっせんだい》なり」已上《いじょう》。

通解

また（涅槃経《ねはんぎょう》に）こうある。

「私（釈尊《しゃくそん》）は過去世《かこせ》の昔《むかし》を思い浮かべると、閻浮提《えんぶだい》で大国の王となったことがあり、名は仙予《せんよ》といっていた。大乗経典《だいじょうきょうてん》を心に懐《いだ》き大切にし、その心は純粋《じゅんすい》で善良《ぜんりょう》であり、粗悪《そあく》なところや嫉妬《しっと》や物惜《ものお》しみするところなどなかった。

わが弟子《でし》たちよ、私はこの時、心に大乗《だいじょう》を重《おも》んじていた。バラモンが大乗経典を誹謗《ひぼう》するのを聞いて、聞き終わってそのまま直《ただ》ちにその命《いのち》を断《た》った。

わが弟子《でし》たちよ、このことを機縁《きえん》として、それからずっと、（私は）地獄《じごく》に堕《お》ちることはなかった」と。

またこうある。

「如来《にょらい》は昔《むかし》、国王となって菩薩《ぼさつ》の道を修《しゅ》行《ぎょう》していた時、多くのバラモンの命《いのち》を断《た》った」と。

またこうある。

「殺生《せっしょう》には3種《しゅ》ある。下殺《げせつ》と中殺《ちゅうせつ》と上殺《じょうせつ》である。

下殺《げせつ》とは、アリをはじめ一切《いっさい》の動物を殺《ころ》すことである。ただし、菩薩《ぼさつ》の示現生《じげんしょう》（＝菩薩が衆生を教化《きょうけ》するために、縁《えん》に応《おう》じて畜生《ちくしょう》などの種々《しゅじゅ》の姿《すがた》をとって出現《しゅつげん》すること）の者だけは除《のぞ》く。下殺を原因《げんいん》として地獄《じごく》・畜生《ちくしょう》・餓鬼《がき》の三《さん》悪道《あくどう》に堕《お》ちて、下《げ》の苦《く》を一つ残《のこ》らず受ける。どういう理由《りゆう》からか。この動物にも、わずかの善根《ぜんこん》があるからである。このことから、殺《ころ》す者はその罪《つみ》の報《むく》いを一つ残《のこ》らず受けるのである。

中殺《ちゅうせつ》とは、凡夫《ぼんぷ》から阿那含果《あなごんか》の位《くらい》（＝声聞《しょうもん》の四つの修行段階のうち第3位）に達《たっ》した人に至《いた》るまでを殺《ころ》すことを名づけて中殺《ちゅうせつ》とする。この行《おこな》いを原因《げんいん》として地獄《じごく》・畜生《ちくしょう》・餓鬼《がき》に堕《お》ちて、中《ちゅう》の苦《く》を一つ残らず受ける。

上殺《じょうせつ》とは、父母《ふぼ》をはじめ阿羅漢《あらかん》（＝声聞《しょうもん》の修行の最高位）、辟支仏《ひゃくしぶつ》（＝縁覚《えんがく》）、不退《ふたい》の位《くらい》に至《いた》った菩薩《ぼさつ》を殺《ころ》すことである。阿鼻大地獄《あびだいじごく》の中に堕《お》ちる。

わが弟子《でし》たちよ、もし一闡提《いっせんだい》を殺《ころ》すことがあっても、この3種《しゅ》の殺生《せっしょう》の中に当てはまることはなく悪道《あくどう》に堕《お》ちることはない。わが弟子たちよ、あの（私が過去世《かこせ》で殺した）バラモンなどは、すべて皆《みな》、一闡提《いっせんだい》であったのだ」と。

第７段　仏の命令を示して謗法の断絶を勧める　170

第32章　仏法の守護《しゅご》を付嘱《ふぞく》する経文を挙《あ》げる

（新39ページ3行目〜4行目）
（全283ページ4行目〜5行目）

仁王経《にんのうきょう》に云《い》わく「仏《ほとけ》、波斯匿王《はしのくおう》に告《つ》げたまわく『この故《ゆえ》に、諸《もろもろ》の国王《こくおう》に付嘱《ふぞく》して、比丘《びく》・比丘尼《びくに》に付嘱《ふぞく》せず。何《なに》をもっての故《ゆえ》に。王《おう》の威力《いりき》無《な》ければなり』と」已上《いじょう》。

通解

仁王経《にんのうきょう》にはこうある。

「仏が波斯匿王《はしのくおう》に告《つ》げてこう仰《おお》せである。

『このゆえに、もろもろの国王に付嘱《ふぞく》して、僧《そう》や尼《あま》には付嘱しないのである。それはなぜか。王が持つ、人を従わせる強い力が（僧や尼には）ないからである』」と。

第33章　正法を護持《ごじ》する方軌《ほうき》を示《しめ》す

（新39ページ5行目〜12行目）（全28ページ6行目〜11行目）

涅槃経《ねはんぎょう》に云《い》わく「今《いま》、無上《むじょう》の正法《しょうほう》をもって、諸王《しょおう》・大臣《だいじん》・宰相《さいしょう》および四《し》部《ぶ》の衆《しゅ》に付嘱《ふぞく》す。正法《しょうほう》を毀《そし》る者《もの》をば、大臣《だいじん》・四部《しぶ》の衆《しゅ》、応当《まさ》に苦治《くじ》すべし」。

また云《い》わく「仏言《ほとけのたま》わく『迦葉《かしょう》よ。能《よ》く正法《しょうほう》を護持《ごじ》する因縁《いんねん》をもっての故《ゆえ》に、この金剛身《こんごうしん》を成就《じょうじゅ》することを得《え》たり。善男子《ぜんなんし》よ。正法《しょうほう》を護持《ごじ》せん者《もの》は、五戒《ごかい》を受《う》けず、威儀《いぎ》を修《しゅ》せず、応《まさ》に刀剣《とうけん》・弓箭《きゅうせん》・鉾槊《むさく》を持《じ》すべし』と」。

また云《い》わく「もし五戒《ごかい》を受持《じゅじ》するの者有《ものあ》らば、名《な》づけて大乗《だいじょう》の人《ひと》となすことを得《え》ざるなり。五戒《ごかい》を受《う》けざれども、ために正法《しょうほう》を護《まも》るを乃《すなわ》ち大乗《だいじょう》と名《な》づく。正法《しょうほう》を護《まも》る者《もの》は、応当《まさ》に刀剣器仗《とうけんきじょう》を執持《しゅうじ》すべし。刀杖《とうじょう》を持《じ》すといえども、我《われ》はこれらを説《と》いて名《な》づけて持戒《じかい》と曰《い》わん」。

通解

涅槃経《ねはんぎょう》にはこうある。

「今、無上《むじょう》の正法をもろもろの王・大臣《だいじん》・宰相《さいしょう》および出家《しゅっけ》・在家《ざいけ》の男女に付嘱《ふぞく》する。正法を謗《そし》る者については、大臣や出家・在家の男女は懲《こ》らしめ退治《たいじ》しなければならない」と。

またこうある。

「仏が仰《おお》せである。『迦葉《かしょう》（童子菩薩《どうじぼさつ》）よ、正法を守り持《たも》つことを原因《げんいん》として、この金剛《こんごう》のように壊《こわ》れない身を成就《じょうじゅ》することができる。わが弟子《でし》たちよ、正法を守り持つ者は、五戒《ごかい》を受けなくとも立派《りっぱ》な立《た》ち居振《いふ》る舞《ま》いを行《おこな》わなくともよく、むしろ、刀《かたな》や剣《けん》、弓矢《ゆみや》、矛《ほこ》を持《も》つのがよい』」と。

またこうある。

「もし五戒《ごかい》を受持《じゅじ》する者がいても、大乗《だいじょう》の人と言うことはできない。五戒を受けてはいないけれども、正法を守る人は、それではじめて大乗の人と言うのである。正法を守る者は、刀《かたな》や剣《けん》や武器《ぶき》を手にとり持つのがよい。刀や杖《つえ》を持つといっても、私はこれらを『戒《かい》を持《たも》つ』と言おう」と。

語訳

【五戒《ごかい》】仏教者として守るべき五つの行動規範《こうどうきはん》。①不殺生戒《ふせっしょうかい》（生き物を殺さないこと）②不偸盗戒《ふちゅうとうかい》（他人の物を盗《ぬす》まないこと）③不邪婬戒《ふじゃいんかい》（不適切《ふてきせつ》な性交渉をしないこと）④不妄語戒《ふもうごかい》（うそをつかないこと）⑤不飲酒《ふおんじゅ》戒《かい》（酒を飲まないこと）の5項。

第34章　有徳王《うとくおう》・覚徳比丘《かくとくびく》の先例《せんれい》

（新39ページ13行目～41ページ1行目）（全28ページ12行目～29ページ11行目）

また云《い》わく「善男子《ぜんなんし》よ。過去《かこ》の世《よ》にこの拘尸那城《くしなじょう》において仏《ほとけ》の世《よ》に出《い》でたもうことありき。歓喜増益如来《かんぎぞうやくにょらい》と号《ごう》したてまつる。仏涅槃《ほとけねはん》して後《のち》、正法《しょうほう》世《よ》に住《じゅう》すること無量億歳《むりょうおくさい》なり。余《よ》の四十年《よんじゅうねん》、仏法《ぶっぽう》いまだ滅《めっ》せず。その時《とき》、一《ひと》りの持戒《じかい》の比丘《びく》有《あ》り、名《な》づけて覚徳《かくとく》と曰《い》う。その時《とき》、多《おお》く破戒《はかい》の比丘《びく》有《あ》り。この説《せつ》を作《な》すを聞《き》いて皆悪心《みなあくしん》を生《しょう》じ、刀杖《とうじょう》を執持《しゅうじ》し、この法師《ほっし》を逼《せ》む。この時《とき》の国王《こくおう》は、名《な》づけて有徳《うとく》と曰《い》う。このことを聞《き》き已《お》わって、護《ご》法《ほう》のための故《ゆえ》に即便《すなわ》ち説法者《せっぽうしゃ》の所《ところ》に往至《おうし》して、この破戒《はかい》の諸《もろもろ》の悪比丘《あくびく》と極《きわ》めて共《とも》に戦闘《せんとう》す。その時《とき》、説法者《せっぽうしゃ》は厄害《やくがい》を免《まぬか》るることを得《え》たり。王《おう》、その時《とき》において身《み》に刀剣箭槊《とうけんせんさく》の瘡《きず》を被《こうむ》り、体《からだ》に完《まった》き処《ところ》は芥子《けし》のごときばかりも無《な》し。その時《とき》、覚徳《かくとく》はついで王《おう》を讃《ほ》めて言《い》わく『善《よ》きかな、善《よ》きかな。王《おう》、今真《いままこと》にこれ正法《しょうほう》を護《まも》る者《もの》なり。当来《とうらい》の世《よ》に、この身《み》当《まさ》に無量《むりょう》の法器《ほうき》となるべし』。王《おう》、この時《とき》において法《ほう》を聞《き》くことを得已《えお》わって、心大《こころおお》いに歓《かん》喜《き》し、ついで即《すなわ》ち命終《みょうじゅう》して阿閦仏《あしゅくぶつ》の国《くに》に生《しょう》じて、彼《か》の仏《ほとけ》のために第一《だいいち》の弟《で》子《し》と作《な》る。その王《おう》の将従《しょうじゅう》・人民《にんみん》・眷属《けんぞく》、戦闘有《せんとうあ》りし者《もの》、歓喜有《かんきあ》りし者《もの》は、一切《いっさい》、菩提《ぼだい》の心《こころ》を退《たい》せず、命終《みょうじゅう》してことごとく阿閦仏《あしゅくぶつ》の国《くに》に生《しょう》ず。覚徳比《かくとくび》丘《く》、却《さ》って後《のち》、寿終《いのちお》わってまた阿閦仏《あしゅくぶつ》の国《くに》に往生《おうじょう》することを得《え》て、彼《か》の仏《ほとけ》のために声聞衆《しょうもんしゅ》の中《なか》の第二《だいに》の弟子《でし》と作《な》る。もし正法《しょうほう》尽《つ》きんと欲《ほっ》することあらん時《とき》、応当《まさ》にかくのごとく受持《じゅじ》し擁護《おうご》すべし。

迦葉《かしょう》よ。その時《とき》の王《おう》とは則《すなわ》ち我《わ》が身《み》これなり。説法《せっぽう》の比丘《びく》は迦葉仏《かしょうぶつ》これなり。迦葉《かしょう》よ。正法《しょうほう》を護《まも》る者《もの》は、かくのごとき等《とう》の無量《むりょう》の果報《かほう》を得《え》ん。この因縁《いんねん》をもって、我《われ》、今日《こんにち》において種々《しゅじゅ》の相《そう》を得《え》て、もって自《みずか》ら荘厳《しょうごん》し、法身不可壊《ほっしんふかえ》の身《み》を成《じょう》ず。

仏《ほとけ》、迦葉菩薩《かしょうぼさつ》に告《つ》げたまわく、この故《ゆえ》に、法《ほう》を護《まも》らん優婆塞等《うばそくとう》は、応《まさ》に刀杖《とうじょう》を執持《しゅうじ》して擁護《おうご》すること、かくのごとくなるべし。善男子《ぜんなんし》よ。我涅槃《われねはん》して後《のち》の濁悪《じょくあく》の世《よ》に、国土荒乱《こくどこうらん》し、たがいに抄掠《しょうりゃく》し、人民飢餓《にんみんきが》せん。その時《とき》、多《おお》く飢餓《きが》のための故《ゆえ》に発心《ほっしん》・出家《しゅっけ》するもの有《あ》らん。かくのごときの人《ひと》を名《な》づけて禿人《とくにん》となす。この禿人《とくにん》の輩《やから》、正法《しょうほう》を護持《ごじ》するものを見《み》て、駆逐《くちく》して出《い》ださしめ、もしは殺《ころ》し、もしは害《がい》せん。この故《ゆえ》に、我《われ》は今《いま》、持戒《じかい》の人《ひと》、諸《もろもろ》の白衣《びゃくえ》の刀杖《とうじょう》を持《じ》する者《もの》に依《よ》って、もって伴侶《ばんりょ》となすことを聴《ゆる》す。刀杖《とうじょう》を持《じ》すといえども、我《われ》はこれらを説《と》いて名《な》づけて持戒《じかい》と曰《い》わん。刀杖《とうじょう》を持《じ》すといえども、応《まさ》に命《いのち》を断《だん》ずべからず」。

通解

また（涅槃経《ねはんぎょう》には）こうある。「わが弟子《でし》たちよ、過去の世にこのクシナガラという都市に仏が世に出られたことがあった。歓喜増益如来《かんぎぞうやくにょらい》とお呼《よ》びした。その仏が涅槃《ねはん》して後、正法が世にとどまって無量億年《むりょうおくねん》に至《いた》った。さらにもう40年、仏法はまだ滅《ほろ》びずとどまっていた。

その時、一人の戒《かい》を堅持《けんじ》する僧《そう》がいて、名を覚徳《かくとく》といった。その時に、戒を破《やぶ》る僧が多くいた。（覚徳が）このように説《と》くのを聞いて皆《みな》、悪心《あくしん》を生《しょう》じて、刀《かたな》や杖《つえ》を手に取り持ち、この法師《ほっし》を責《せ》めた。

この時の国王は、名を有徳《うとく》といった。このことを聞いて、法を守るために、即座《そくざ》に説法《せっぽう》する者（覚徳《かくとく》）の所へ行き、この破戒《はかい》の悪僧《あくそう》たちと激《はげ》しく戦闘《せんとう》した。

その時、説法《せっぽう》する者は危害《きがい》を免《まぬか》れることができた。王はその時、身に刀《かたな》や剣《けん》や矢《や》や矛《ほこ》の傷《きず》をこうむり、体に傷のないところは芥子粒《けしつぶ》ほどもなかった。

その時、覚徳《かくとく》は、そこで王をほめて言う。『素晴《すば》らしい、素晴らしい。王は今、真《しん》に正法を守る者である。来世《らいせ》には、その身がきっと無量《むりょう》の法器《ほうき》となるにちがいない』と。

王はこの時、法を聞くことができ、心は大いに歓喜《かんき》し、そしてすぐに寿命《じゅみょう》を終えて阿閦《あしゅく》仏《ぶつ》の国に生まれて、その仏にとって第1の弟《で》子《し》となった。その王に付き従った人民《じんみん》・従者《じゅうしゃ》たちで、戦闘《せんとう》した者、歓喜した者はすべて覚《さと》りを求める心から退《たい》することはなく、命《いのち》が終わってことごとく阿閦仏《あしゅくぶつ》の国に生まれた。

覚徳比丘《かくとくびく》は、その後、寿命《じゅみょう》が終わって同じく阿閦仏《あしゅくぶつ》の国に生まれることができ、その仏にとって、声聞《しょうもん》たちの中の第2の弟子《でし》となった。もし正法が尽《つ》きようとするようなことがある時には、このように受持《じゅじ》し守《まも》るのがよい。

迦葉《かしょう》よ、その時の王とは、この私（釈尊《しゃくそん》）自身《じしん》なのである。説法《せっぽう》をした僧《そう》とは迦葉仏《かしょうぶつ》である。

迦葉《かしょう》よ、正法を守る者は、このように無量《むりょう》の果報《かほう》を得《え》るだろう。この原因によって、私は今日《こんにち》において種々《しゅじゅ》の優《すぐ》れた相《そう》を得《え》て、自《みずか》らの身を荘厳《そうごん》し、破壊《はかい》できない法身《ほっしん》を成就《じょうじゅ》することができたのである。


仏は迦葉菩薩《かしょうぼさつ》に告《つ》げられた。

このゆえに、法を守《まも》ろうとする在家《ざいけ》信者らは、刀《かたな》や杖《つえ》を手にとり持って守るのは、以上のようにするのがよい。

わが弟子《でし》たちよ、私が亡《な》くなった後の濁悪《じょくあく》の世に、国土が荒《あ》れ乱《みだ》れ、互《たが》いに奪《うば》い合い、人々は飢餓《きが》に瀕《ひん》するだろう。その時、飢餓から逃《のが》れるために発心《ほっしん》し、出家《しゅっけ》する者が多くいるだろう。このような人を名づけて禿人《とくにん》（＝髪《かみ》のない者、形だけの僧《そう》）とする。この禿人の輩《やから》は正法を護持《ごじ》する者を見て、（教団《きょうだん》から）追《つい》放《ほう》しようとし、もしくは殺《ころ》し、もしくは危害《きがい》を加《くわ》えるだろう。

それゆえ、私は今、戒《かい》を堅持《けんじ》する人が、刀《かたな》

や杖《つえ》を持つ在家《ざいけ》の人々を頼《たよ》り、仲間《なかま》とすることを許《ゆる》す。刀や杖を持っていても、私はこれらを〝戒を堅持する者〟と呼《よ》ぶ。刀や杖を持っていても、命《いのち》を断《た》ってはならない」と。

第35章　謗法《ほうぼう》は無間地獄《むけんじごく》に堕《お》ちるという経文を挙《あ》げる

（新294ページ2行目〜3行目）
（全1ページ12行目〜13行目）

法華経《ほけきょう》に云《い》わく「もし人《ひと》信《しん》ぜずして、この経《きょう》を毀謗《きぼう》せば、即《すなわ》ち一切世間《いっさいせけん》の仏種《ぶっしゅ》を断《だん》ぜん　乃至《ないし》　その人《ひと》は命終《みょうじゅう》して、阿鼻獄《あびごく》に入《い》らん」已上《いじょう》。

通解

法華経（譬喩品《ひゆほん》第3）にこうある。

「もし人がこの法華経を信じないで謗《そし》るなら、即座《そくざ》に全世界の仏種《ぶっしゅ》を断《だん》じるだろう。〈中略〉その人は命《いのち》が終わってのち、阿鼻地獄《あびじごく》（＝無間《むけん》地獄）に入《はい》るだろう」と。

第36章　経文によって謗法《ほうぼう》を対治《たいじ》し罰《ばっ》することを結論する

（新1941ページ4行目〜7行目）
（全29ページ14行目〜17行目）

夫《そ》れ、経文《きょうもん》は顕然《けんねん》なり。私《わたくし》の詞《ことば》何《なん》ぞ加《くわ》えん。およそ法華経《ほけきょう》のごとくんば、大乗経典《だいじょうきょうてん》を謗《ぼう》ずる者《もの》は、無量《むりょう》の五逆《ごぎゃく》に勝《まさ》れるが故《ゆえ》に、阿鼻大城《あびだいじょう》に堕《お》ちて永《なが》く出《い》ずる期《ご》無《な》けん。涅槃経《ねはんぎょう》のごとくんば、たとい五逆《ごぎゃく》の供《く》を許《ゆる》すとも、謗法《ほうぼう》の施《せ》を許《ゆる》さず。蟻子《ありのこ》を殺《ころ》す者《もの》は、必《かなら》ず三悪道《さんあくどう》に落《お》つ。謗法《ほうぼう》を禁《きん》ずる者《もの》は、不退《ふたい》の位《くらい》に登《のぼ》る。いわゆる、覚徳《かくとく》とはこれ迦葉仏《かしょうぶつ》なり、有徳《うとく》とは則《すなわ》ち釈迦文《しゃかもん》なり。

通解

実に経文は、はっきりとしている。私個人の言葉《ことば》をどうして加《くわ》えよう。

一般的にいえば、法華経に説《と》かれている通りに、大乗経典《だいじょうきょうてん》を謗《そし》る者は、無量《むりょう》の五逆罪《ごぎゃくざい》を犯《おか》した者よりも罪《つみ》が勝《まさ》っているので、阿鼻大城《あびだいじょう》（＝無間地獄《むけんじごく》）に堕《お》ちて、出る時が永《なが》く訪《おとず》れない。

涅槃経《ねはんぎょう》の通りに、たとえ五逆罪《ごぎゃくざい》を犯《おか》した者への供養《くよう》を許《ゆる》しても、謗法《ほうぼう》への布施《ふせ》は許さない。アリを殺《ころ》す者は必《かなら》ず三悪道《さんあくどう》に堕《お》ちる。謗法を戒《いまし》める者は不退《ふたい》の位《くらい》に登《のぼ》る。いわゆる、覚徳比丘《かくとくびく》とは迦葉仏《かしょうぶつ》のことであり、有徳王《うとくおう》とは、釈迦牟尼《しゃかむに》（釈尊《しゃくそん》）のことである。

第37章　国中の謗法《ほうぼう》を断《だん》ずべきことを結論する

（新2941ページ8行目〜3017行目）
（全18ページ18行目〜30ページ7行目）

法華《ほっけ》・涅槃《ねはん》の経教《きょうぎょう》は一代《いちだい》五時《ごじ》の肝心《かんじん》なり。その禁《いまし》め実《まこと》に重《おも》し。誰《たれ》か帰仰《きごう》せざらんや。しかるに、謗法《ほうぼう》の族《やから》、正道《しょうどう》を忘《わす》るるの人《ひと》、あまつさえ法然《ほうねん》の選択《せんちゃく》に依《よ》って、いよいよ愚癡《ぐち》の盲瞽《もうこ》を増《ま》す。ここをもって、あるいは彼《か》の遺体《いたい》を忍《しの》んで木画《もくえ》の像《ぞう》に露《あらわ》し、あるいはその妄説《もうせつ》を信《しん》じて莠言《ゆうげん》の模《かたぎ》を彫《ほ》り、これを海内《かいだい》に弘《ひろ》め、これを郭外《かくがい》に翫《もてあそ》ぶ。仰《あお》ぐところは則《すなわ》ちその家風《かふう》、施《ほどこ》すところは則《すなわ》ちその門弟《もんてい》なり。しかるあいだ、あるいは釈迦《しゃか》の手《て》の指《ゆび》を切《き》って弥陀《みだ》の印相《いんぞう》に結《むす》び、あるいは東方如来《とうほうにょらい》の鴈宇《がんう》を改《あらた》めて西土教主《さいどきょうしゅ》の鵝《が》王《おう》を居《す》え、あるいは四百余回《よんひゃくよかい》の如法経《にょほうきょう》を止《とど》めて西方浄土《さいほうじょうど》の三部経《さんぶきょう》と成《な》し、あるいは天台大師《てんだいだいし》の講《こう》を停《とど》めて善導《ぜんどう》の講《こう》となす。かくのごとき群類《ぐんるい》、それ誠《まこと》に尽《つ》くし難《がた》し。これ破仏《はぶつ》にあらずや。これ破法《はほう》にあらずや。これ破僧《はそう》にあらずや。この邪義《じゃぎ》は、則《すなわ》ち選択《せんちゃく》に依《よ》るなり。

ああ悲《かな》しいかな、如来《にょらい》の誠諦《じょうたい》の禁言《きんげん》に背《そむ》くこと。哀《あわ》れなるかな、愚侶《ぐりょ》の迷惑《めいわく》の麤語《そご》に随《したが》うこと。早《はや》く天下《てんか》の静謐《せいひつ》を思《おも》わば、すべからく国中《こくちゅう》の謗法《ほうぼう》を断《た》つべし。

通解

法華経・涅槃経《ねはんぎょう》の教えは、釈尊《しゃくそん》の一代《いちだい》の五《ご》時《じ》の説法《せっぽう》の肝心《かんじん》である。その戒《いまし》めは実に重《おも》い。誰《だれ》がそれに帰服《きふく》しないでいられるだろうか。

しかし、謗法《ほうぼう》の輩《やから》や正道《しょうどう》を忘《わす》れた人は、さらに法然《ほうねん》の『選択集《せんちゃくしゅう》』によって、ますます愚《おろ》かになり迷いの度《ど》を増《ま》している。このゆえに、あるいは法然の姿《すがた》を木像《もくぞう》に刻《きざ》み絵像《えぞう》として描《えが》いて偲《しの》んだり、あるいは法然の妄説《もうせつ》を信じて、その邪悪《じゃあく》な言葉《ことば》を記《しる》した版木《はんぎ》を彫《ほ》って刷《す》り、日本国中のいたるところに弘《ひろ》め、郊外《こうがい》の人々までが盛《さか》んに用《もち》いたりしている。人々の仰《あお》ぐのは法然の主張であり、布施《ふせ》をするのは法然の門弟《もんてい》に対してである。

このような状態《じょうたい》であるから、あるいは釈迦《しゃか》像《ぞう》の手の指《ゆび》を切って阿弥陀仏《あみだぶつ》の印相《いんぞう》に結《むす》び替《か》え、あるいは東方世界《とうほうせかい》の薬師如来《やくしにょらい》を祭《まつ》ってある堂《どう》を改《あらた》めて西方《さいほう》の極楽世界《ごくらくせかい》の教主《きょうしゅ》である阿弥陀仏の像《ぞう》を据《す》え、あるいは４００余回《よかい》にも及《およ》んだ法華経の定めどおりの写経《しゃきょう》をやめて浄《じょう》土三部経《どさんぶきょう》の書写《しょしゃ》としたり、あるいは天台大師《てんだいだいし》の報恩講《ほうおんこう》をやめて善導《ぜんどう》の報恩講としたりしてしまった。

このような謗法《ほうぼう》の徒輩《とはい》はまことに数《かぞ》え尽《つ》く

し難《がた》い。これこそ仏の破壊《はかい》（破仏《はぶつ》）ではないか。法の破壊（破法）ではないか。教団《きょうだん》の破壊（破僧）ではないか。この邪義《じゃぎ》は、すべて法然《ほうねん》の『選択集《せんちゃくしゅう》』に基《もと》づくものである。

ああ、なんと悲《かな》しいことだろうか、如来《にょらい》の真実《しんじつ》の戒《いまし》めの言葉《ことば》に背《そむ》いていることは。なんと哀《あわ》れなことだろうか、愚《おろ》かな輩《やから》の人々を迷《まよ》い惑《まど》わす粗末《そまつ》な言葉に従《したが》っていることは。

一刻《いっこく》も早く天下の泰平《たいへい》を願《ねが》うなら、まず何よりも国中《くにじゅう》の謗法《ほうぼう》を断《た》つべきである。

解説

謗法《ほうぼう》を戒《いまし》めるべきことは、法華経・涅槃経《ねはんぎょう》の文《もん》に明《あき》らかなのに、人々はこの釈尊《しゃくそん》の戒《いまし》めに従《したが》うどころか、法然《ほうねん》の『選択集《せんちゃくしゅう》』に惑《まど》わされて、ますます愚《おろ》かしい謗法を重《かさ》ねていると仰《おお》せである。そして、法然の邪義《じゃぎ》に惑《まど》わされた人々による謗法が、まさに仏法僧《ぶっぽうそう》の「三宝《さんぼう》」の破壊《はかい》に当《あ》たることを示《しめ》す象徴的《しょうちょうてき》な事例《じれい》を挙《あ》げられている。

「早《はや》く天下《てんか》の静謐《せいひつ》を思《おも》わば、すべからく国中《こくちゅう》の謗法《ほうぼう》を断《た》つべし」との結論は、仏法に無知《むち》であるゆえに釈尊《しゃくそん》の戒《いまし》めを破《やぶ》って、不幸の坂《さか》を落《お》ちていく人々を悲《かな》しみ、哀《あわ》れむゆえの慈悲《じひ》の論《ろん》断《だん》である。

いつの時代も、悪《あ》しき指導者《しどうしゃ》によって苦しむのは民衆である。民衆を苦しめる勢力《せいりょく》とは断固《だんこ》として戦う——。これこそ、日蓮大聖人が貫《つらぬ》かれた闘争《とうそう》の根本精神《こんぽんせいしん》である。

なお、第7段で挙《あ》げられる経文の中には、謗法《ほうぼう》を断《だん》じていく方途《ほうと》として「殺《せつ》」の字が用《もち》いられているが、言うまでもなく仏教は生命尊厳《せいめいそんげん》の哲学である。この点については、次の第8段で「謗法禁断《ほうぼうきんだん》」とは命《いのち》を奪《うば》うことではなく、「布施《ふせ》を止《とど》める」ことであると説明される。

第8段　謗法《ほうぼう》への布施《ふせ》を止《とど》めることを説《と》く（新42ジペー・全30ジペー）

第38章　経文のように斬罪《ざんざい》に処《しょ》すべきかどうかを尋《たず》ねる

（新42ジペー1行目～2行目）
（全30ジペー8行目～9行目）

客曰《きゃくい》わく、もし謗法《ほうぼう》の輩《やから》を断《だん》じ、もし仏禁《ぶっきん》の違《い》を絶《ぜっ》せんには、彼《か》の経文《きょうもん》のごとく斬罪《ざんざい》に行《おこな》うべきか。もししからば、殺害相加《さつがいあいくわ》わって、罪業《ざいごう》いかんがせんや。

通解

客《きゃく》が言う。

もし謗法《ほうぼう》の輩《やから》を断《だん》じ、仏の戒《いまし》めへの違背《いはい》を断《た》つためには、前の涅槃経《ねはんぎょう》の文《もん》の通り、謗法の者を斬罪《ざんざい》に処《しょ》すべきか。もし、そうであるなら、自分自身に殺害《さつがい》の罪《つみ》が加《くわ》わってしまうことになるが、その罪業《ざいごう》をどうすればいいのか。

解説

第8段で日蓮大聖人は、〝謗法《ほうぼう》を断《だん》ずる〟とは、〝謗法の僧《そう》や寺《てら》に対する、人々の布施《ふせ》を止《とど》めること〟であることを明《あ》かされる。

「天下の泰平《たいへい》を願《ねが》うなら、まず何よりも国中の謗法《ほうぼう》を断《た》つべきである」と断言《だんげん》された前段《ぜんだん》の主人《しゅじん》の結《むす》びの言葉《ことば》を受けて、客《きゃく》は次のように問《と》い掛《か》ける。

謗法《ほうぼう》の者を断《だん》じ、仏の禁戒《きんかい》に違背《いはい》する者を断《た》つためには、前段《ぜんだん》で引かれた涅槃経《ねはんぎょう》に説《と》かれているように、謗法の者を斬罪《ざんざい》に処《しょ》すべきなのか。もし、そうであるなら、いかに相手《あいて》が謗法の者であるといっても、殺害《さつがい》の罪《つみ》を犯《おか》してしまうことになるのではないか、と。

第39章　僧尼《そうに》を殺害《さつがい》する罪《つみ》を挙《あ》げて尋《たず》ねる

（新42ページ3行目～9行目）（全30ページ10行目～15行目）

則《すなわ》ち大集経《だいじっきょう》に云《い》わく「頭《こうべ》を剃《そ》り袈裟《けさ》を着《き》れば、持戒《じかい》および毀戒《きかい》をも、天《てん》人《にん》彼《かれ》を供養《くよう》すべし。則《すなわ》ち我《われ》を供養《くよう》すとなす。これ我《わ》が子《こ》なり。もし彼《かれ》を撾《た》打《だ》することあらば、則《すなわ》ち我《わ》が子《こ》を打《う》つとなす。もし彼《かれ》を罵辱《めにく》せば、則《すなわ》ち我《われ》を毀辱《きにく》すとなす」。

料《はか》り知《し》んぬ。善悪《ぜんあく》を論《ろん》ぜず、是非《ぜひ》を択《えら》ぶことなく、僧侶《そうりょ》たらんにおいては供養《くよう》を展《の》ぶべし。何《なん》ぞ、その子《こ》を打辱《ちょうにく》して忝《かたじけな》くもその父《ちち》を悲哀《ひあい》せしめん。彼《か》の竹杖《ちくじょう》の目連尊者《もくれんそんじゃ》を害《がい》せしや、永《なが》く無間《むけん》の底に沈《しず》み、提婆達多《だいばだった》の蓮《れん》華比丘尼《げびくに》を殺《ころ》せしや、久《ひさ》しく阿鼻《あび》の焔《ほのお》に咽《むせ》ぶ。先証《せんしょう》これ明《あき》らかなり、後昆《こうこん》最《もっと》も恐《おそ》れあり。謗法《ほうぼう》を誡《いまし》むるには似《に》たれども、既《すで》に禁言《きんげん》を破《やぶ》る。このこと信《しん》じ難《がた》し。いかんが意得《こころえ》んや。

通解

すなわち、大集経《だいじっきょう》には（僧《そう》や尼《あま》を殺害《さつがい》する罪《つみ》について）次のように説《と》かれている。

「頭を剃《そ》り袈裟《けさ》を着れば、戒律《かいりつ》を持《たも》つ者であっても、戒律を破《やぶ》る者であっても、天界《てんかい》・人界《にんかい》の衆生はその僧《そう》を供養《くよう》するのがよい。（彼らを供養《くよう》することは）私（釈尊《しゃくそん》）を供養することになるからである。これらの僧は皆《みな》、私の子である。もし彼らを打《う》ち叩《たた》くなら、それは私の子を打つのと同じである。もし彼らを罵《ののし》り辱《はずかし》めるなら、それは私を辱めることになるのである」と。

推察《すいさつ》するに、善悪《ぜんあく》を論《ろん》ぜず是非《ぜひ》を選《えら》ばない

で、およそ僧侶《そうりょ》であるものについては供養《くよう》を広く行うのがよい。

どうして仏の子を打《う》ち辱《はずかし》めて、おそれ多くも、その父である釈尊《しゃくそん》を悲《かな》しませるのだろうか。

かの竹杖外道《ちくじょうげどう》は目連尊者《もくれんそんじゃ》を殺害《さつがい》したために永《なが》く無間地獄《むけんじごく》の底《そこ》に沈《しず》み、また提婆達多《だいばだった》は蓮《れん》華比丘尼《げびくに》を殺《ころ》したために久《ひさ》しく阿鼻地獄《あびじごく》の炎《ほのお》に焼《や》かれ、むせんだ。このように先人《せんじん》の証《あか》しは明《あき》らかであり、後世《こうせい》の人々には最大《さいだい》の恐《おそ》れとなる。

（謗法《ほうぼう》の輩《やから》を斬罪《ざんざい》に処《しょ》することは）謗法を戒《いまし》めるようではあるが、明《あき》らかに仏の禁言《きんげん》を破《やぶ》ることになる。このことは、はなはだ信じ難《がた》いことである。どのように理解すればよいのだろう。

解説

これまで、ともすると感情論《かんじょうろん》や一般論《いっぱんろん》を述べてきた客《きゃく》であったが、主人《しゅじん》との対話を積《つ》み重《かさ》ねることによって、災難《さいなん》を止《とど》める正しき方途《ほうと》を探求《たんきゅう》する姿勢《しせい》に変わっていく。

第8段に至《いた》り、客《きゃく》は主人《しゅじん》と同じように経文を挙《あ》げながら、僧侶《そうりょ》という存在《そんざい》は善悪《ぜんあく》・是非《ぜひ》によらず尊重《そんちょう》し、供養《くよう》すべきではないかと主張《しゅちょう》する。

さらに、僧侶《そうりょ》を殺《ころ》した者が、どれほど悲惨《ひさん》な苦《くる》しみに遭《あ》うかを表《あらわ》す例《れい》として、釈尊《しゃくそん》の十大弟子《じゅうだいでし》の一人で神通第一《じんずうだいいち》と称《しょう》された目連《もくれん》を殺した竹杖外道《ちくじょうげどう》と、謗法《ほうぼう》を厳《きび》しく面責《めんせき》した蓮華比丘尼《れんげびくに》を殺した提婆達多《だいばだった》を挙《あ》げる。

竹杖外道《ちくじょうげどう》も提婆達多《だいばだった》も、ともにその罪《つみ》で無間地獄《むけんじごく》に堕《お》ちた。これら「先証《せんしょう》」のように、僧侶《そうりょ》を殺《ころ》せば無間地獄《むけんじごく》に堕《お》ちるのは明《あき》らかであり、後世《こうせい》の人々が最《もっと》も恐《おそ》れるべきことであると客は述《の》べる。

ゆえに、謗法《ほうぼう》の輩《やから》を斬罪《ざんざい》に処《しょ》することは、謗法を戒《いまし》めるようではあるが、僧侶《そうりょ》を殺《ころ》してはならないという仏の金言《きんげん》を破《やぶ》ることになり、納得《なっとく》できないと客は主人《しゅじん》に問うのである。

第40章　謗法《ほうぼう》への布施《ふせ》を止《とど》める意味《いみ》を説《と》く

（新3042ジペー1610行目～1814行目）
（全ジペー行目～行目）

主人《しゅじん》曰《い》わく、客明《きゃくあき》らかに経文《きょうもん》を見《み》て、なおこの言《ことば》を成《な》す。心《こころ》の及《およ》ばざるか、理《り》の通《つう》ぜざるか。全《まった》く仏子《ぶっし》を禁《いまし》むるにはあらず、ただひとえに謗法《ほうぼう》を悪《にく》むなり。

夫《そ》れ、釈迦《しゃか》の以前《いぜん》、仏教《ぶっきょう》はその罪《つみ》を斬《き》るといえども、能忍《のうにん》の以後《いご》、経説《きょうせつ》は則《すなわ》ちその施《せ》を止《とど》む。しからば則《すなわ》ち、四海万邦《しかいばんぽう》、一切《いっさい》の四衆《ししゅ》、その悪《あく》に施《ほどこ》さず、皆《みな》この善《ぜん》に帰《き》せば、いかなる難《なん》か並《なら》び起《お》こり、いかなる災《わざわ》いか競《きそ》い来《きた》らん。

布施《ふせ》を止《とど》めることである。

そうであるから、天下のあらゆる国々の一《いっ》切《さい》の人々が、ことごとく謗法《ほうぼう》の悪《あく》に布施《ふせ》をせず、皆《みな》が善《ぜん》に帰依《きえ》するなら、いかなる難《なん》が並《なら》び起《お》こり、いかなる災《わざわ》いが競《きそ》い来ることがあるだろうか。（いかなる災難《さいなん》もすべて止《と》まり、必《かなら》ずや天下泰平《たいへい》・国土安穏《あんのん》となるのである）

通解

主人《しゅじん》が言う。

あなたは明《あき》らかに（涅槃経《ねはんぎょう》・法華経などの）経文を見ていながら、なおこのような質問《しつもん》をしている。心が及《およ》ばないのか、道理が通《つう》じないのか。まったく仏子《ぶっし》を戒《いまし》めるのではなく、ただひとえに謗法《ほうぼう》を非難《ひなん》するのである。

そもそも、釈尊《しゃくそん》以前の仏《ほとけ》の教《おし》えにおいては、謗法の罪《つみ》ある者を斬《き》り殺《ころ》すといっても、能忍《のうにん》（＝釈尊）以後《いご》の経《きょう》に説《と》かれているのは、

解説

謗法《ほうぼう》の者《もの》は斬罪《ざんざい》に処《しょ》すべきであるとの涅槃経《ねはんぎょう》の文《もん》の例《れい》を挙《あ》げるも、短絡的《たんらくてき》に受《う》け止《と》めてしまった客《きゃく》に対して、主人《しゅじん》は、心が及《およ》ばないのか道理が通《つう》じないのかと嘆《なげ》きつつも、極《きわ》めて明快《めいかい》に答える。

まず、前段《ぜんだん》で「すべからく国中《こくちゅう》の謗法《ほうぼう》を断《た》つべし」と言ったのは、仏子《ぶっし》を戒《いまし》めると言っているのではなく、ただ謗法《ほうぼう》そのものを憎《にく》むからだと指摘《してき》される。

これは〝僧侶《そうりょ》であっても、謗法《ほうぼう》の者は仏子《ぶっし》とはいえない。仏子であるかどうかは、頭を剃《そ》り袈裟《けさ》を着ているかどうかという外見《がいけん》や形式《けいしき》ではなく、正法を護持《ごじ》しているかどうかで決まる〟ということを述べられているのである。

次に、涅槃経《ねはんぎょう》に説《と》かれる仙予《せんよ》国王らのように、斬罪《ざんざい》を行《おこな》ったという例《れい》は、釈尊《しゃくそん》より以前の仏教における例であり、「能忍《のうにん》」すなわち娑婆世界《しゃばせかい》をよく耐《た》え忍《しの》ぶ仏としての釈尊以後の仏教においては、「布施《ふせ》を止《とど》める」ことであることを示《しめ》される（第7段で示されているように、涅槃経《ねはんぎょう》には「一闡提《いっせんだい》への布施を止めよ」とあり、また釈尊《しゃくそん》の滅後《めつご》においては、正法を守るために刀杖《とうじょう》を持つことがあっても「命《いのち》を断《だん》じてはならない」とある)。

ここで、釈尊《しゃくそん》より以前の仏教として説《と》かれている仙予《せんよ》国王の実践《じっせん》は、釈尊の過去世《かこせ》の修行《しゅぎょう》であり、その時の不惜身命《ふしゃくしんみょう》の護法《ごほう》の戦いが釈尊《しゃくそん》の成仏《じょうぶつ》の因《いん》であることを示《しめ》すためのものであって、斬罪《ざんざい》を説いたものではない。

ゆえに涅槃経《ねはんぎょう》で釈尊《しゃくそん》は、自分《じぶん》の滅後《めつご》は命《いのち》を断《だん》じてはならないと戒《いまし》め、本来《ほんらい》の仏教の考え方を示《しめ》している。

要《よう》するに、釈尊《しゃくそん》の仏教では実際《じっさい》に殺害《さつがい》を認《みと》めるものは一切《いっさい》ないというのが、日蓮大聖人の主《しゅ》張《ちょう》なのである。

第9段　二難《になん》を予言《よげん》し立正安国《りっしょうあんこく》を論《ろん》ずる（新42～45ページ・全31～32ページ）

第41章　正法・正師《しょうし》に帰依《きえ》することを願《ねが》う（新42ページ15行目～43ページ4行目）（全31ページ1行目～6行目）

客則《きゃくすなわ》ち席《せき》を避《さ》け、襟《えり》を刷《つくろ》って曰《い》わく、仏教《ぶっきょう》かく区《まちまち》にして旨趣《しし》窮《きわ》め難《がた》く、不審多端《ふしんたたん》にして理非《りひ》明《あき》らかならず。ただし法然聖人《ほうねんしょうにん》の選択《せんちゃく》、現《げん》に在《あ》るなり。諸仏《しょぶつ》・諸経《しょきょう》・諸菩薩《しょぼさつ》・諸天《しょてん》等《とう》をもって捨閉閣抛《しゃへいかくほう》に載《の》す。その文顕然《もんけんねん》なり。これに因《よ》って、聖人《しょうにん》国《くに》を去《さ》り善神所《ぜんじんところ》を捨《す》てて、天下飢渇《てんかきかつ》し世上疫病《せじょうえきびょう》すと、今《いま》、主人《しゅじん》、広《ひろ》く経文《きょうもん》を引《ひ》いて明《あき》らかに理非《りひ》を示《しめ》す。故《ゆえ》に、妄執《もうしゅう》既《すで》に翻《ひるがえ》り、耳目《じもく》しばしば朗《あき》らかなり。詮《せん》ずるところ、国土泰平《こくどたいへい》・天下安穏《てんかあんのん》は、一人《いちにん》より万民《ばんみん》に至《いた》るまで好《この》むところなり、楽《ねが》うところなり。早《はや》く一闡提《いっせんだい》の施《せ》を止《とど》め、永《なが》く衆僧尼《しゅそうに》の供《く》を致《いた》し、仏海《ぶっかい》の白浪《はくろう》を収《おさ》め、法山《ほうざん》の緑林《りょくりん》を截《き》らば、世《よ》は羲農《ぎのう》の世《よ》と成《な》り、国《くに》は唐虞《とうぐ》の国《くに》とならん。しかして後《のち》、法水《ほっすい》の浅《せん》深《じん》を斟酌《しんしゃく》し、仏家《ぶっけ》の棟梁《とうりょう》を崇重《すうちょう》せん。

通解

客《きゃく》はそこで座《すわ》っている敷物《しきもの》から下《お》り、襟《えり》を正して言った。

仏の教えは、このようにさまざまに分《わ》かれていて、その説《と》こうとする趣旨《しゅし》は究《きわ》めがたく、不審《ふしん》は多岐《たき》にわたって、理《り》と非《ひ》は明《あき》らかではない。

ただし、法然聖人《ほうねんしょうにん》の『選択集《せんちゃくしゅう》』は現《げん》に（目の前に）ある。その中で諸仏《しょぶつ》・諸経《しょきょう》・諸菩《しょぼ》薩《さつ》・諸天《しょてん》などをすべて捨《す》てよ、閉《と》じよ、閣《さしお》け、抛《なげう》てと述《の》べている。その文《もん》は明白《めいはく》である。

「これが原因《げんいん》となって聖人《しょうにん》は国を去《さ》り、善《ぜん》神《じん》は所《ところ》を捨《す》ててしまい、天下は飢饉《ききん》に苦《くる》しみ、世間《せけん》に疫病《えきびょう》が流行《りゅうこう》している」と、今、あなたは広く経文を引いて道理を明《あき》らかに示《しめ》された。ゆえに、私の妄執《もうしゅう》はもはや翻《ひるがえ》り、正邪《せいじゃ》を聞《き》き分ける耳、善悪《ぜんあく》を見分《みわ》ける目もほぼくっきりした。

結局《けっきょく》、国土泰平《たいへい》・天下安穏《あんのん》は上《かみ》は国王一人《いちにん》から万民《ばんみん》に至《いた》るまで、あらゆる人が好《この》むものであり、願《ねが》うものである。

速《すみ》やかに一闡提《いっせんだい》に対する布施《ふせ》を止《とど》め、永《なが》く正法を護持《ごじ》する僧《そう》や尼《あま》を供養《くよう》して、仏の海の白浪《はくろう》（＝盗賊《とうぞく》）を収《おさ》め、法の山の緑林《りょくりん》（＝盗賊）を切るなら、世の中は（中国古代《こだい》の理想社会を築《きず》いた）伏羲《ふっき》や神農《しんのう》の時代のような平和な世となり、国は（同じく善政《ぜんせい》を行《おこな》った）唐尭《とうぎょう》や虞《ぐ》舜《しゅん》の時代のような安穏《あんのん》な国となるだろう。

その後、仏法の浅深勝劣《せんじんしょうれつ》を探《さぐ》って、仏教という家の棟木《むなぎ》や梁《はり》（というべき正しい指導者《しどうしゃ》）を崇《あが》め重《おも》んじようと思う。

解説

第9段では、法然《ほうねん》の念仏《ねんぶつ》の教えこそ三災七難《さんさいしちなん》の原因であることを理解《りかい》した客《きゃく》が、積極的《せっきょくてき》に謗法《ぼうほう》の悪僧《あくそう》への布施《ふせ》を止《とど》め、正しい僧《そう》を重《おも》んじていくとの決意《けつい》を表明《ひょうめい》する。

主人《しゅじん》はその申《もう》し出《で》を喜《よろこ》んだうえで、自界叛逆難《じかいほんぎゃくなん》・他国侵逼難《たこくしんぴつなん》の二難《になん》が起《お》こらないように、速《すみ》やかにその決意《けつい》を実行《じっこう》するよう訴《うった》える。

主人《しゅじん》への敬意《けいい》と納得《なっとく》を示《しめ》す

客《きゃく》は、まず座《すわ》っている敷物《しきもの》から下《お》り襟《えり》を正《ただ》すという動作《どうさ》で、主人《しゅじん》への敬意《けいい》を表明《ひょうめい》する。そのうえで、経文を引き道理を尽《つ》くし現証《げんしょう》を示《しめ》した主人《しゅじん》の理路整然《りろせいぜん》たる主張《しゅちょう》を理解《りかい》したことを示《しめ》す。

――仏教の正邪《せいじゃ》を完全《かんぜん》に分別《ふんべつ》できたわけではないが、法然《ほうねん》が『選択集《せんちゃくしゅう》』に諸仏《しょぶつ》・諸経《しょきょう》・諸菩薩《しょぼさつ》・諸天《しょてん》などをすべて捨《す》てよ、閉《と》じよ、閣《さしお》け、抛《なげう》てと述《の》べていることは厳然《げんぜん》たる事実《じじつ》であり、この「捨閉閣抛《しゃへいかくほう》」の邪義《じゃぎ》が原因となって、聖人《しょうにん》は国を去《さ》り、善神《ぜんじん》は所を捨《す》てて、社会は飢饉《ききん》に苦《くる》しみ、世間《せけん》に疫病《えきびょう》が流行《りゅうこう》している、と。

客《きゃく》は「妄執既《もうしゅうすで》に飜《ひるがえ》り、耳目《じもく》しばしば朗《あき》らかなり」と、念仏《ねんぶつ》への誤《あやま》った執着《しゅうちゃく》を捨《す》て、正しく法の正邪《せいじゃ》を見極《みきわ》めていく態度《たいど》を明確《めいかく》にする。

そして、万人《ばんにん》が願う国土の安泰《あんたい》と社会の安定を実現《じつげん》するために、まずは主人《しゅじん》の言う通り、念《ねん》仏《ぶつ》など謗法《ほうぼう》の者に対する布施《ふせ》を止《と》め、対治《たいじ》しようと誓《ちか》う。

さらに、その目下《もっか》の課題《かだい》(国土の安泰《あんたい》と社会の安定)が実現《じつげん》した後に、仏法の浅深勝劣《せんじんしょうれつ》を比較《ひかく》研究《けんきゅう》して、仏法の最高の教えに帰依《きえ》し、正法の根本《こんぽん》の師《し》を尊崇《そんすう》したいと述べる。

第42章　二難《になん》を予期《よき》し謗法《ほうぼう》の対治《たいじ》を促《うなが》す

（新3143ジペー5行目～1844ジペー4行目）
（全31ジペー7行目～18行目）

主人悦《しゅじんよろこ》んで曰《い》わく、鳩化《はとか》して鷹《たか》となり、雀変《すずめへん》じて蛤《はまぐり》となる。悦《よろこ》ばしいかな、汝《なんじ》、蘭室《らんしつ》の友《とも》に交《まじ》わって麻畝《まほ》の性《しょう》と成《な》る。誠《まこと》にその難《なん》を顧《かえり》みて専《もっぱ》らこの言《ことば》を信《しん》ぜば、風和《かぜやわ》らぎ浪静《なみしず》かにして不日《ふじつ》に豊年《ほうねん》ならん。ただし、人《ひと》の心《こころ》は時《とき》に随《したが》って移《うつ》り、物《もの》の性《しょう》は境《きょう》に依《よ》って改《あらた》まる。譬《たと》えば、なお、水中《すいちゅう》の月《つき》の波《なみ》に動《うご》き、陣前《じんぜん》の軍《いくさ》の剣《つるぎ》に靡《なび》くがごとし。汝《なんじ》、当座《とうざ》に信《しん》ずといえども、後定《のちさだ》めて永《なが》く忘《わす》れん。もし、まず国土《こくど》を安《やす》んじて現当《げんとう》を祈《いの》らんと欲《ほっ》せば、速《すみ》やかに情慮《じょうりょ》を廻《めぐ》らし怱《いそ》いで対治《たいじ》を加《くわ》えよ。

所以《ゆえん》はいかん。薬師経《やくしきょう》の七難《しちなん》の内《うち》、五難《ごなん》たちまち起《お》こり、二難《になん》なお残《のこ》れり。いわゆる他国侵逼《たこくしんぴつ》の難《なん》・自界叛逆《じかいほんぎゃく》の難《なん》なり。大集経《だいじっきょう》の三災《さんさい》の内《うち》、二災《にさい》早《はや》く顕《あらわ》れ、一災《いっさい》いまだ起《お》こらず。いわゆる兵革《ひょうかく》の災《さい》なり。金光明経《こんこうみょうきょう》の内《うち》の種々《しゅじゅ》の災禍《さいか》一々《いちいち》起《お》こるといえども、他方《たほう》の怨賊国内《おんぞくこくない》を侵掠《しんりゃく》する、この災《さい》いまだ露《あらわ》れず、この難《なん》いまだ来《きた》らず。仁王経《にんのうきょう》の七難《しちなん》の内《うち》、六難今盛《ろくなんいまさか》んにして、一難《いちなん》いまだ現《げん》ぜず。いわゆる、四方《しほう》の賊来《ぞくきた》って国《くに》を侵《おか》すの難《なん》なり。しかのみならず、「国土乱《こくどみだ》れん時《とき》はまず鬼神乱《きじんみだ》る。鬼神乱《きじんみだ》るるが故《ゆえ》に万民乱《ばんみんみだ》る」と。今《いま》この文《もん》に就《つ》いてつぶさに事《こと》の情《こころ》を案《あん》ずるに、百鬼早《ひゃっきはや》く乱《みだ》れ、万《ばん》民多《みんおお》く亡《ほろ》ぶ。先難《せんなん》これ明《あき》らかなり、後災何《こうさいなん》ぞ疑《うたが》わん。もし残《のこ》るところの難《なん》、悪法《あくほう》の科《とが》によって並《なら》び起《お》こり競《きそ》い来《きた》らば、その時《とき》いかんがせんや。帝王《ていおう》は国家《こっか》を基《もとい》として天下《てんか》を治《おさ》め、人臣《じんしん》は田園《でんえん》を領《りょう》して世上《せじょう》を保《たも》つ。しかるに、他方《たほう》の賊来《ぞくきた》ってその国《くに》を侵逼《しんぴつ》し、自界叛逆《じかいほんぎゃく》してその地《ち》を掠領《りゃくりょう》せば、あに驚《おどろ》かざらんや、あに騒《さわ》がざらんや。国《くに》を失《うしな》い家《いえ》を滅《ほろ》ぼさば、いずれの所《ところ》にか世《よ》を遁《のが》れん。

汝《なんじ》、すべからく一身《いっしん》の安堵《あんど》を思《おも》わば、まず四表《しひょう》の静謐《せいひつ》を禱《いの》るべきものか。

通解

主人《しゅじん》は喜《よろこ》んで言った。

故事《こじ》に、鳩《はと》が変化《へんか》して鷹《たか》となり雀《すずめ》が変《へん》じて

蛤《はまぐり》になるとある（ようにあなたは考え方を大きく改《あらた》められた）。喜《よろこ》ばしいことに、あなたは芳《かんば》しい蘭室《らんしつ》の友に交《まじ》わって感化《かんか》を受《う》け、麻畑《あさばたけ》に生《は》える蓬《よもぎ》のように真《ま》っすぐな性質《せいしつ》になった。

まことに近年《きんねん》の災難《さいなん》を顧《かえり》みて、もっぱら私の述べたことを信じるなら、風は和《やわ》らぎ、浪《なみ》は静《しず》かになって、日もたたずに豊年《ほうねん》となるだろう。

ただし、人の心は時に従って移《うつ》り、人物の性分《しょうぶん》は環境《かんきょう》によって改《あらた》まるものである。譬《たと》えば、水面《すいめん》に映《うつ》った月が波《なみ》の動きによって動き、戦いに臨《のぞ》んだ軍隊《ぐんたい》が剣《つるぎ》の動きに応じて動くようなものである。

あなたもこの座《ざ》では正法を信ずると決意《けつい》しているけれども、後になって必《かなら》ずそれをすっかり忘《わす》れてしまうだろう。もし、まず国土を安定させ現当《げんとう》の二世《にせ》（＝現世《げんぜ》と来世《らいせ》）のことを祈《いの》ろうと思うなら、速《すみ》やかに考えを巡《めぐ》らし、急《いそ》いで謗法《ほうぼう》に対治《たいじ》を加《くわ》えなさい。

その理由《りゆう》はどういうものか。

薬師経《やくしきょう》の中に説《と》かれている七難《しちなん》のうち、五《ご》難《なん》はたちまちに起《お》き、二難《になん》がなお残《のこ》っている。いわゆる他国侵逼難《たこくしんぴつなん》と自界叛逆難《じかいほんぎゃくなん》である。大集経《だいじっきょう》に説《と》かれている三災《さんさい》のうち、穀貴《こっき》・疫病《えきびょう》の二災《にさい》は早《はや》く現《あらわ》れ、一災《いっさい》がまだ起《お》こっていない。いわゆる兵革《ひょうかく》の災である。

また金光明経《こんこうみょうきょう》の中に説《と》かれている種々《しゅじゅ》の災《さい》禍《か》も次々《つぎつぎ》と起《お》きたが、外部の敵が国内を侵略《しんりゃく》するという災難《さいなん》がまだ現《あらわ》れておらず、この難《なん》はまだやって来ていない。

さらに、仁王経《にんのうきょう》にある七難《しちなん》のうち六難《ろくなん》までは今、盛《さか》んに起《お》きているけれども、一難《いちなん》はまだ現《あらわ》れていない。いわゆる四方《しほう》の外敵がやって来て国を侵略《しんりゃく》する難《なん》である。

それのみならず、（仁王経《にんのうきょう》には）「国土が乱《みだ》れようとする時には、まず鬼神《きじん》が乱れる。鬼神が乱れるゆえに万民《ばんみん》が乱れる」と説《と》かれている。

今、これらの文《もん》に基《もと》づいて詳《くわ》しく事態《じたい》の本《ほん》質《しつ》を考えてみると、百鬼《ひゃっき》は早くから乱《みだ》れ、万《ばん》民《みん》は多く亡《な》くなっている。先《さき》に起《お》こった災難《さいなん》はこのように明《あき》らかであり、後《あと》に残った災難が起こることをどうして疑《うたが》うことができるだろうか（疑いようがない）。もし残《のこ》る難が、悪《あく》法《ほう》を用《もち》いる罪科《ざいか》によって並《なら》び起こり競《きそ》い来《きた》るなら、その時はどうすればよいのだろうか。

帝王《ていおう》は国家を基盤《きばん》として天下を治《おさ》め、臣下《しんか》は田園《でんえん》を領有《りょうゆう》して世の中を安穏《あんのん》に保《たも》つものである。それを、外敵が来て国を侵略《しんりゃく》し、内《ない》乱《らん》・反逆《はんぎゃく》が起《お》こって、その土地を掠奪《りゃくだつ》・占領《せんりょう》するなら、どうして驚《おどろ》かないことがあるだろうか、どうして騒然《そうぜん》としないことがあるだろうか。

国家が滅亡してしまったら、世を逃れるといっても、どこに行くことができるだろう。

自身の安心を考えるなら、あなたはまず社

会全体の静穏《せいおん》を祈《いの》るべきではないのか。

語訳

【鳩《はと》化《か》して鷹《たか》となり、雀《すずめ》変《へん》じて蛤《はまぐり》となる】ともに物が大きく変化《へんか》することを譬《たと》えたもの。

【麻《ま》畝《ほ》の性《しょう》】「麻畝」とは麻畑《あさばたけ》のこと。蓬《よもぎ》のように真《ま》っすぐ伸《の》びない草でも、麻畑に生《は》えると、周《まわ》りの麻に従《したが》って真っすぐに伸びる。

【一身《いっしん》の安堵《あんど》】「安堵」とは、不安のない生活・境涯《きょうがい》。

【四表《しひょう》の静謐《せいひつ》】「四表」とは、東西南北の四方《しほう》のこと。「四表の静謐」とは、一国の周囲《しゅうい》の平穏《へいおん》、世界の平和を意味《いみ》する。また、それに伴《ともな》う国内の安定も含《ふく》む。

解説

主人《しゅじん》は、謗法《ほうぼう》の対治《たいじ》を誓《ちか》った客《きゃく》の大きな変化《へんか》を喜《よろこ》ぶ。

「決意即行動《けついそくこうどう》」の実践《じっせん》を

「蘭室《らんしつ》の友《とも》に交《まじ》わって」とは、これまでの対話によって客《きゃく》が主人《しゅじん》の徳《とく》に感化《かんか》されたことを、香《かお》りの高《たか》い蘭《らん》（＝フジバカマ）がある部屋《へや》に物を保管《ほかん》すると、その香りが自然《しぜん》と移ることに譬《たと》えている。

また「麻畝《まほ》の性《しょう》と成《な》る」とは、客《きゃく》の心の変化《へんか》を譬《たと》えたもので、曲《ま》がって育《そだ》つ蓬《よもぎ》が、麻畑《あさばたけ》では麻に従《したが》って真《ま》っすぐに育つように、仏法に対する曲《ま》がった客《きゃく》の心が、主人の正しい道理に従って真っすぐになったということである。

そして、近年《きんねん》の災難《さいなん》の由来《ゆらい》をよく考え、主人《しゅじん》の言葉《ことば》を信じて謗法《ほうぼう》への布施《ふせ》を止《とど》めるなら、日ならずして世の中は豊年《ほうねん》となり、平和な社会が現出《げんしゅつ》するだろうと述べる。

しかし、縁《えん》に紛動《ふんどう》され移《うつ》ろいやすいのが、人の心の常《つね》である。今、決意《けつい》を燃《も》やしている客《きゃく》も、すぐにその決意も揺《ゆ》らぎ忘《わす》れてしまうだろう。決意が本物《ほんもの》であれば、直《ただ》ちに謗法《ほうぼう》の対治《たいじ》を実行《じっこう》せよと、「決意即行動《けついそくこうどう》」の実践《じっせん》を促《うなが》すのである。

断《だん》じて戦乱《せんらん》を回避《かいひ》したい

続《つづ》いて主人《しゅじん》は、謗法《ほうぼう》の対治《たいじ》を急《いそ》がなければならない理由を述《の》べていく。

まず、薬師経《やくしきょう》・金光明経《こんこうみょうきょう》・大集経《だいじっきょう》・仁王経《にんのうきょう》の四経《しきょう》の文《もん》に照《て》らして、まだ起《お》こっていない災難《さいなん》があることを挙《あ》げる（四経に説かれる難は第2段、本書35ジペー以下に既出）。

四経《しきょう》の災難《さいなん》で残《のこ》っているのは、いずれも「戦乱《せんらん》」である。

次に、謗法《ほうぼう》を対治《たいじ》しなければ、残る災難《さいなん》が必《かなら》ず起《お》こるという道理を、仁王経《にんのうきょう》の「国土乱《こくどみだ》れん時《とき》はまず鬼神乱《きじんみだ》る。鬼神乱《きじんみだ》るるが故《ゆえ》に万民乱《ばんみんみだ》る」との経文を引いて示《しめ》されていく。

この経文は、思想《しそう》・宗教の乱《みだ》れが万民《ばんみん》の乱《みだ》れを引き起こし、さらには国土の乱れを招《まね》くとの原理《げんり》を示《しめ》している。

これらの経文と当時《とうじ》の現実《げんじつ》を照《て》らし合《あ》わせてみると、すでに社会においては災害《さいがい》が起《お》こり、万民《ばんみん》が苦《くる》しんでいる。つまり種々《しゅじゅ》の「先難《せんなん》」が起《お》こっていることは明《あき》らかである。このままでは「後災《こうさい》」、具体的《ぐたいてき》には薬師経《やくしきょう》に即《そく》していえば「自界叛逆難《じかいほんぎゃくなん》」「他国侵逼難《たこくしんぴつなん》」の二難《になん》が起《お》こることとは必定《ひつじょう》である。

次に、主人《しゅじん》は〝この後災《こうさい》が悪法《あくほう》の科《とが》によって起《お》こったらどうすればよいのだろうか〟と警告《けいこく》する。

北条時頼《ほうじょうときより》をはじめとする為政者《いせいしゃ》に対し、他国侵逼難《たこくしんぴつなん》や自界叛逆難《じかいほんぎゃくなん》が起《お》これば、統治《とうち》の基盤《きばん》である国家そのものが滅《ほろ》び、臣下《しんか》の地位《ちい》・生活の基盤《きばん》である所領《しょりょう》そのものが侵略《しんりゃく》される。その時に驚《おどろ》いても、もはや逃《のが》れる所もないと諄々《じゅんじゅん》と諭《さと》されるのである。

しかし幕府は、この日蓮大聖人の警告《けいこく》を受け入れなかった。その後、「自界叛逆難《じかいほんぎゃくなん》」は12年後の文永《ぶんえい》9年（1272年）2月の二月騒動《にがつそうどう》（＝北条一門の内部争い）となって、また「他国侵逼《たこくしんぴつ》難《なん》」は蒙古襲来《もうこしゅうらい》（14年後《ねんご》の文永《ぶんえい》の役《えき》、21年後《ねんご》の弘安《こうあん》の役《えき》）となって現《あらわ》れたのである。

「三世《さんぜ》を知《し》るを聖人《しょうにん》という」（新204ページ・全287ページ）との原理《げんり》に照《て》らした時、「立正安国《りっしょうあんこく》論《ろん》」の予言《よげん》の的中《てきちゅう》は、大聖人が「聖人」、すなわち「仏」であることを証明《しょうめい》したものであるといえる。大聖人御自身《ごじしん》が「種々御振舞御書《しゅじゅおんふるまいごしょ》」で、「安国論《あんこくろん》」の予言の符合《ふごう》は「仏《ほとけ》の未来記《みらいき》にもおと《劣》らず」（新1225ページ・全909ページ）と仰《おお》せになり、御本仏《ごほんぶつ》の御境涯《ごきょうがい》を示唆《しさ》されている。

しかし、もとより大聖人が予言《よげん》の的中《てきちゅう》を求《もと》めていたわけではないことは、論《ろん》をまたない。自《みずか》らに迫害《はくがい》が及《およ》ぶことを承知《しょうち》のうえで「立正安国論《りっしょうあんこくろん》」を提出《ていしゅつ》し、国主諫暁《こくしゅかんぎょう》された御真意《ごしんい》は、民衆を救済《きゅうさい》するために、「何としても未然《みぜん》に戦乱を回避《かいひ》しなければならない」との「慈悲《じひ》」の発露《はつろ》であられた。そして「安国論《あんこくろん》」の中の予言《よげん》は、法に基《もと》づく「智慧《ちえ》」の発露なのである。

「四表《しひょう》の静謐《せいひつ》」を祈《いの》れ

さて、本章《ほんしょう》の予言《よげん》と警告《けいこく》の結論として、日蓮大聖人は「汝《なんじ》、すべからく一身《いっしん》の安堵《あんど》を思《おも》わば、まず四表《しひょう》の静謐《せいひつ》を禱《いの》るべきものか」と仰《おお》せである。

すなわち「一身《いっしん》の安堵《あんど》」――自分個人の生活の安泰《あんたい》、一家の幸福を願うなら、「四表《しひょう》の静《せい》謐《ひつ》」――世界の平和、国の安定を祈《いの》るべきであると示《しめ》されている。この一節《いっせつ》は、為政者《いせいしゃ》に対する諫暁《かんぎょう》であると同時に、私たちの仏法実践《じっせん》の永遠《えいえん》の指標《しひょう》となっている。

池田先生は、2012年の「SGI（創価学会インタナショナル）の日」記念提言《きねんていげん》で、この御《ご》文《もん》の意義《いぎ》を次のようにつづっている。「〝自分だけの幸福や安全もなければ、他人だけの不幸や危険《きけん》もない〟との生命感覚《せいめいかんかく》に基《もと》づいた世界観《せかいかん》の確立《かくりつ》を訴《うった》えている」と。

エゴイズムに束縛《そくばく》された小さな自身を超克《ちょうこく》し、他者に同苦《どうく》し、他者との関係性《かんけいせい》の中に自己の存在価値《そんざいかち》を見いだしていく生き方を、大聖人が中世《ちゅうせい》の鎌倉時代《かまくらじだい》に提示《ていじ》された意義《いぎ》は、どれほど大《おお》きいか計《はか》り知れない。

自分自身が、自他共《じたとも》の幸福、世界の平和を祈《いの》ることができる人間へと自己変革《へんかく》するとともに、自《みずか》らは現実《げんじつ》の苦悩《くのう》に打ち勝ちながら、人々の生き抜く力《ちから》も引《ひ》き出《だ》していく。そうした、一人の人間における自己変革《へんかく》が、ひいては一国そして世界の幸福と繁栄《はんえい》をも切り開いていくという日蓮仏法の根本原理の中に、真《しん》の宗教《しゅうきょう》の価値《かち》が示《しめ》されているのである。

第43章　重《かさ》ねて謗法《ほうぼう》の果報《かほう》を示《しめ》す

（新244ページ5行目〜12行目）
（全32ページ1行目〜6行目）

なかんずく、人《ひと》の世《よ》に在《あ》るや、各後生《おのおのごしょう》を恐《おそ》る。ここをもって、あるいは邪教《じゃきょう》を信《しん》じ、あるいは謗法《ほうぼう》を貴《たっと》ぶ。各是非《おのおのぜひ》に迷《まよ》うことを悪《にく》むといえども、なお仏法《ぶっぽう》に帰《き》することを哀《かな》しむ。何《なん》ぞ同《おな》じく信心《しんじん》の力《ちから》をもってみだりに邪《じゃ》議《ぎ》の詞《ことば》を宗《あが》めんや。もし執心翻《しゅうしんひるがえ》らず、また曲意《きょくい》なお存《そん》せば、早《はや》く有為《うい》の郷《さと》を辞《じ》して必《かなら》ず無間《むけん》の獄《ごく》に堕《お》ちなん。

所以《ゆえん》はいかん。大集経《だいじっきょう》に云《い》わく「もし国王《こくおう》有《あ》って、無量世《むりょうせ》において施《せ》・戒《かい》・慧《え》を修《しゅ》すとも、我《わ》が法《ほう》の滅《めっ》せんを見《み》て、捨《す》てて擁護《おうご》せずんば、かくのごとく種《う》うるところの無量《むりょう》の善根《ぜんこん》ことごとく滅失《めっしつ》して乃至《ないし》その王久《おうひさ》しからずして当《まさ》に重病《じゅうびょう》に遇《あ》い、寿終《いのちお》わるの後《のち》、大地獄《だいじごく》に生《しょう》ずべし。王《おう》のごとく、夫人《ふじん》・太子《たいし》・大臣《だいじん》・城主《じょうしゅ》・柱師《ちゅうし》・郡守《ぐんしゅ》・宰官《さいかん》もまたかくのごとくならん」。

通解

中でも、人がこの世に生きている限《かぎ》りは、誰《だれ》もが死後《しご》・来世《らいせ》のことを心配《しんぱい》している。そして、そのために、誤《あやま》った教《おし》えを信じたり謗《ほう》法《ぼう》を貴《とうと》んだりしてしまっている。

それぞれの人は、是非《ぜひ》に迷《まよ》うこと（により邪教《じゃきょう》を信じてしまうこと）を嫌《いや》がってはいても、それでもなお（判断を誤《あやま》って仏法の正邪《せいじゃ》がわからず）仏の真実《しんじつ》の法《ほう》に帰依《きえ》することを心にかなわず哀《かな》しいことだと思って避《さ》けている。同じく信じるなら、その信じる心の力《ちから》で、どうしてみだりに邪《よこしま》な教えの言葉《ことば》を根本としてあがめるのだろうか。

もし邪法《じゃほう》への執着《しゅうちゃく》の心がひるがえらず、またねじ曲《ま》がった心がまだあるなら、はかなく移《うつ》りゆくこの世を早く去り、必《かなら》ず無間地獄《むけんじごく》に堕《お》ちてしまうだろう。

その理由はどういうものか。大集経《だいじっきょう》には次のように説《と》かれている。

「もし国王がいて、過去世で無量《むりょう》の生《せい》にわたり布施《ふせ》・持戒《じかい》・智慧《ちえ》の実践を行っていても、私（釈尊《しゃくそん》）の法が滅《めっ》しようとするのを見ていながら、捨《す》て置《お》いて守ろうとしないなら、このように種をまいた無量《むりょう》の善根《ぜんこん》はことごとく失《うしな》われ、〈中略〉その王は久《ひさ》しからずしてきっと重病《じゅうびょう》に遭《あ》い、寿命《じゅみょう》が終わった後には大地獄《だいじごく》の中に生まれるにちがいない。王と同《どう》様《よう》に、夫人《ふじん》・太子《たいし》・大臣《だいじん》・城主《じょうしゅ》（＝都市の首《しゅ》長《ちょう》）・柱師《ちゅうし》（＝村長《そんちょう》・将軍《しょうぐん》）・郡守《ぐんしゅ》（＝郡の首長）・宰官《さいかん》（＝官吏《かんり》）たちもまたそのようになるだろう」と。

解説

主人《しゅじん》は重《かさ》ねて経文を引き、正法誹謗《ひぼう》という因《いん》は、死後に必《かなら》ず無間地獄《むけんじごく》に堕《お》ちるという果《か》となって厳然《げんぜん》と現《あらわ》れると警告《けいこく》する。

一刻《いっこく》も早く邪法《じゃほう》を捨《す》てよ

「生死《しょうじ》」は人類の根本命題《めいだい》である。「人間は死んだらどうなるのか」――誰《だれ》しもが抱《いだ》く疑問《ぎもん》に明快《めいかい》に答えるのが、仏法である。

この第43章の冒頭《ぼうとう》で主人《しゅじん》は、死後を恐《おそ》れるがゆえに誤《あやま》った教《おし》えを信じ謗法《ほうぼう》を貴《とうと》んでしまう人間の弱《よわ》さを指摘《してき》する。そして、同じく信じるのであれば、どうして正法を信じることができないのかと嘆《なげ》くのである。

これらの主人の言葉は、いかに生死《しょうじ》の問題の解決《かいけつ》を求《もと》める心が純粋《じゅんすい》でも、悪僧にたぶらかされて法華経を誹謗《ひぼう》する宗教を信仰《しんこう》すれば不幸になってしまうことを明《あき》らかにし、宗教の正邪《せいじゃ》を見極《みきわ》めることがいかに重要《じゅうよう》かを訴《うった》えていると拝《はい》される。

ここから主人《しゅじん》は、謗法《ほうぼう》の罪《つみ》を犯《おか》した者が死後どのようになるのか、経文を通して示《しめ》す。

まず第2段でも引用《いんよう》した大集経《だいじっきょう》の経文を再《ふたた》び挙《あ》げ、どれほど多くの善根《ぜんこん》を積《つ》んでも、謗法《ほうぼう》への信仰を続け正法を守《まも》らなければ、死後は無間地獄《むけんじごく》に堕《お》ちるだろうと厳《きび》しく警告《けいこく》する。

第44章　仁王経《にんのうきょう》によって謗法《ほうぼう》の果報《かほう》を示《しめ》す

（新44ページ13行目〜16行目）
（全32ページ7行目〜9行目）

仁王経《にんのうきょう》に云《い》わく「人《ひと》、仏教《ぶっきょう》を壊《やぶ》らば、また孝子《こうし》無《な》く、六親不和《ろくしんふわ》にして天《てん》神《じん》も祐《たす》けず、疾疫《しつえき》・悪鬼《あっき》、日《ひ》に来《きた》って侵害《しんがい》し、災怪首尾《さいけしゅび》し、連禍縦横《れんかじゅうおう》し、死《し》して地獄《じごく》・餓鬼《がき》・畜生《ちくしょう》に入《い》らん。もし出《い》でて人《ひと》とならば、兵奴《ひょうぬ》の果報《かほう》あらん。響《ひび》きのごとく、影《かげ》のごとく、人《ひと》の夜書《よるか》くに火《ひ》は滅《めっ》すれども字《じ》は存《そん》するがごとく、三界《さんがい》の果報《かほう》もまたかくのごとし」。

通解

仁王経《にんのうきょう》にこうある。

「人が仏の教えを破壊《はかい》するなら、孝行《こうこう》の子がいなくなり、近親《きんしん》は不和《ふわ》となり、天の神も助《たす》けず、疫病《えきびょう》や悪鬼《あっき》が日々に襲《おそ》ってきて人々を侵《おか》し害《がい》し、災害《さいがい》や怪異《かいい》が始終《しじゅう》絶《た》え間《ま》なく起《お》こり、うち連《つら》なる災《わざわ》いがいたるところで起《お》こり、死んでからは地獄《じごく》・餓鬼《がき》・畜生《ちくしょう》の三悪道《さんあくどう》に堕《お》ち入《い》るだろう。もし、そこから出《で》て再《ふたた》び人間に生《う》まれてきた時には、戦争《せんそう》に駆《か》り出《だ》される兵士《へいし》や奴隷《どれい》となる果報《かほう》を受けるだろう。声にはこだまが応《こた》えるように、ものには影《かげ》が伴《ともな》うように、人が夜に文字《もじ》を書くと灯火《とうか》が消《き》えても字は存在《そんざい》するように、三界《さんがい》（＝欲《よっ》界《かい》・色界《しきかい》・無色界《むしきかい》）を輪廻《りんね》する果報《かほう》もまたこのように必ず現れるのである」と。

語訳

【三界《さんがい》の果報《かほう》】「三界」とは、衆生が輪廻《りんね》する六道《ろくどう》の世界を欲界《よっかい》・色界《しきかい》・無色界《むしきかい》の三つに分《わ》けたもの。「欲界《よっかい》」とは、食欲《しょくよく》や性欲《せいよく》をはじめとするさまざまな欲望《よくぼう》が渦巻《うずま》く世界で、六道の大半の衆生の境涯《きょうがい》は、この中に入《はい》る。「色界《しきかい》」とは、天界のうち欲望から離《はな》れるが、物質的《ぶっしつてき》に束縛《そくばく》されている世界。「無色界《むしきかい》」とは、天界のうち欲望と物質の制約《せいやく》を超越《ちょうえつ》した純然《じゅんぜん》たる精神《せいしん》の世界をいう。この三界は、いずれも仏の得《え》た真実《しんじつ》の安心の世界ではない。「三界の果報」とは、三界に生《う》まれるという報《むく》い。

解説

第44章では、仁王経《にんのうきょう》の文《もん》を引き、正法を破壊《はかい》するなら今世《こんぜ》・死後《しご》・来世《らいせ》にわたって不幸の報《むく》いを受けることが示《しめ》される。

「仏教《ぶっきょう》を壊《やぶ》らば」、すなわち正法を誹謗《ひぼう》し謗法《ほうぼう》の邪義《じゃぎ》を信じれば、今世《こんぜ》が不幸の連続《れんぞく》であるうえ、死後には地獄《じごく》・餓鬼《がき》・畜生《ちくしょう》の三悪道《さんあくどう》に堕《お》ちると説《と》かれる。つまり、死によって苦しみが終《お》わるのではなく、さらに大きい苦しみに陥《おち》いらなければならない。そして、再《ふた》び人間として生《う》まれてきたとしても、「兵奴《ひょうぬ》の果報《かほう》」という境遇《きょうぐう》に陥らなければならなくなる。

さらに、声にこだまが応《おう》じ物《もの》に影《かげ》が伴《ともな》うように、また書いた文字は明《あ》かりが消《き》えても残《のこ》っているように、見えないけれども行為の結果は自身の生命に厳然《げんぜん》と残っているのであり、今世《こんぜ》ばかりか来世《らいせ》まで厳然と残り、必《かなら》ずその報《むく》いを受けなければならないことが説《と》かれる。

第45章　念仏《ねんぶつ》は無間地獄《むけんじごく》に堕《お》ちるとの経文を挙《あ》げる

（新44ページ17行目〜45ページ3行目）
（全32ページ10行目〜12行目）

法華経《ほけきょう》の第二《だいに》に云《い》わく「もし人《ひと》信《しん》ぜずして、この経《きょう》を毀謗《きぼう》せば　乃至《ないし》　その人《ひと》は命終《みょうじゅう》して、阿鼻獄《あびごく》に入《い》らん」。また同第七《どうだいなな》の巻《まき》の不軽品《ふきょうほん》に云《い》わく「千劫《せんごう》、阿鼻地獄《あびじごく》において、大苦悩《だいくのう》を受《う》く」。涅槃経《ねはんぎょう》に云《い》わく「善友《ぜんゆう》を遠離《おんり》し、正法《しょうほう》を聞《き》かず、悪法《あくほう》に住《じゅう》せば、この因縁《いんねん》の故《ゆえ》に沈没《じんもつ》して阿鼻地獄《あびじごく》に在《あ》って、受《う》くるところの身形《しんぎょう》、縦横八万四千《じゅうおうはちまんよんせん》ならん」。

通解

法華経の第2巻（譬喩品第3《ひゆほん》）にこうある。

「もし人がこの法華経を信じないで謗《そし》るなら〈中略〉その人は命《いのち》が終わってのち、阿鼻《あび》地獄《じごく》（＝無間地獄《むけんじごく》）に入《はい》るだろう」と。

同じく法華経第7巻の不軽品《ふきょうほん》第20にこうある。

「千劫《せんごう》にわたり阿鼻地獄《あびじごく》で大苦悩《だいくのう》を受ける」と。

さらに、涅槃経《ねはんぎょう》にこうある。

「善《よ》き友を遠《とお》ざけて離《はな》れ、正法を聞《き》かないで悪法《あくほう》に安住《あんじゅう》しているなら、この原因によって阿鼻地獄《あびじごく》に沈《しず》み、そこで受ける体は地獄《じごく》と同じく縦横《じゅうおう》8万《まん》4000由旬《ゆじゅん》（＝1由旬《ゆじゅん》は一説《いっせつ》に帝王《ていおう》が1日に行軍《こうぐん》する距離《きょり》）もの大きさとなり、地獄の苦しみをすべて一身《いっしん》に受けるだろう」と。

解説

第45章では、法華経の譬喩品《ひゆほん》第3と常不軽菩薩品《じょうふきょうぼさつほん》第20、涅槃経《ねはんぎょう》の三つの経文を引いて、謗法《ほうぼう》の者は必《かなら》ず無間地獄《むけんじごく》に堕《お》ちることが示《しめ》される。

まず、譬喩品《ひゆほん》の「もし人がこの法華経を信じないで謗るなら、その人は命《いのち》が終わってのち、阿鼻地獄《あびじごく》に入《はい》るだろう」との文《もん》は、第4・7段に続く引用《いんよう》である。不軽品《ふきょうほん》では、不軽菩薩《ふきょうぼさつ》を迫《はく》害《がい》した謗法《ほうぼう》の者が、その後、不軽菩薩に信伏随従《しんぷくずいじゅう》して罪《つみ》の大部分《だいぶぶん》を消滅《しょうめつ》したけれども、わずかに残《のこ》った謗法の罪によって、死んだ後に千劫《せんごう》の間《あいだ》、無間地獄《むけんじごく》に堕《お》ちたと説《と》かれる。この経文《きょうもん》を引かれたのは、正法誹謗《ひぼう》の罪《つみ》が、いかに大きいものかを明確《めいかく》にされるためであると拝《はい》される。

さらに涅槃経《ねはんぎょう》の経文を引き、無間地獄《むけんじごく》で受ける苦《くる》しみがいかに大きいかを示《しめ》されるのである。

本物《ほんもの》の信仰者《しんこうしゃ》たれ

この第9段に至《いた》ると、客《きゃく》は心を改《あらた》め、主人《しゅじん》の言う通りに謗法《ほうぼう》への布施《ふせ》を止《とど》めるとの決意《けつい》を表《ひょう》明《めい》し、主人は客の変化《へんか》を喜《よろこ》ぶ。主人と客との問答《もんどう》としては、一つの目的《もくてき》を達《たっ》したともいえよう。

しかし、ここから主人《しゅじん》は再《ふたた》び経文を引き、謗法《ほうぼう》の罪《つみ》の重《おも》さを訴《うった》える。

これは、第9段第42章までは、今世《こんぜ》について為政者《いせいしゃ》としての北条時頼《ほうじょうときより》らへの警告《けいこく》であり、第43章以降の後半では、来世《らいせ》について生死輪廻《しょうじりんね》を繰《く》り返《かえ》す一個の「人間」への呼《よ》び掛《か》けであると拝《はい》される。

自身《じしん》の謗法《ほうぼう》を戒《いまし》め、正法を求《もと》め、速《すみ》やかに本物《ほんもの》の信仰者《しんこうしゃ》となるべきである――日蓮大聖人は大慈悲《だいじひ》のお心から時頼《ときより》の信仰心《しんこうしん》に訴《うった》えかけ、今一重《いまいちじゅう》の決意《けつい》を強く促《うなが》される。

人の心は移《うつ》ろいやすい。縁《えん》に紛動《ふんどう》され決意《けつい》も揺《ゆ》らぐ。だからこそ私たちも、お互《たが》いの成長《せいちょう》のために何度《なんど》も励《はげ》ましを送《おく》り、不退転《ふたいてん》の心を確認《かくにん》し合っていくことが肝要《かんよう》である。

相手《あいて》の心を本当《ほんとう》に変えるには、生命《せいめい》の奥底《おうてい》から揺《ゆ》さぶるような真剣勝負《しんけんしょうぶ》の対話以外にない。

一人の人間の胸中《きょうちゅう》に、正法への「信」を打ち立てていくことこそ、「立正安国《りっしょうあんこく》」を実現《じつげん》する根本《こんぽん》の方途《ほうと》なのである。

第46章　結論として立正安国《りっしょうあんこく》を論《ろん》ずる

（新245ページ4行目～9行目）
（全32ページ13行目～17行目）

広く衆経《しゅきょう》を披《ひら》きたるに、専《もっぱ》ら謗法《ほうぼう》を重《おも》んず。悲《かな》しいかな、皆正法《みなしょうほう》の門《もん》を出《い》でて深《ふか》く邪法《じゃほう》の獄《ごく》に入《い》る。愚《おろ》かなるかな、各悪教《おのおのあくきょう》の綱《つな》に懸《か》かって鎮《とこしな》えに謗教《ぼうきょう》の網《あみ》に纏《まと》わる。この朦霧《もうむ》の迷《まよ》い、彼《か》の盛焔《じょうえん》の底《そこ》に沈《しず》む。あに愁《うれ》えざらんや、あに苦《くる》しまざらんや。

汝《なんじ》、早《はや》く信仰《しんこう》の寸心《すんしん》を改《あらた》めて、速《すみ》やかに実乗《じつじょう》の一善《いちぜん》に帰《き》せよ。しからば則《すなわ》ち、三界《さんがい》は皆仏国《みなぶっこく》なり。仏国《ぶっこく》それ衰《おとろ》えんや。十方《じっぽう》はことごとく宝土《ほうど》なり。宝土《ほうど》何《なん》ぞ壊《やぶ》れんや。国《くに》に衰微《すいび》無《な》く土《ど》に破壊《はえ》無《な》くんば、身《み》はこれ安全《あんぜん》、心《こころ》はこれ禅定《ぜんじょう》ならん。この詞《ことば》、この言《ことば》、信《しん》ずべく、崇《あが》むべし。

通解

多くの経《きょう》を広く開いて見てみると、もっぱら謗法《ほうぼう》を重大《じゅうだい》なこととしている。なんと悲《かな》しいことだろうか、皆《みな》、正法の門《もん》を出《で》て邪法《じゃほう》の獄《ごく》に深《ふか》く入《はい》ってしまっている。なんと愚《おろ》かなことだろうか、各人《かくじん》が悪い教えの綱《つな》にかかって永久に謗法《ほうぼう》の教えの網《あみ》にまとわりつかれている。朦朧《もうろう》と立ち込める霧《きり》のようなこの迷《まよ》いによって、あの盛《さか》んに燃《も》えさかる炎《ほのお》の地獄《じごく》の底《そこ》に沈《しず》む。どうして憂《うれ》えないことがあるだろうか、どうして苦しまないことがあるだろうか。あなたは早速《さっそく》、ささやかな信仰《しんこう》の心を改《あらた》めて、速《すみ》やかに、実乗《じつじょう》の一善《いちぜん》(本当に成仏《じょうぶつ》へ至《いた》らせる教えである唯一《ゆいいつ》の善《よ》い法)に帰依《きえ》しなさい。

そうすれば三界《さんがい》は皆《みな》、仏国《ぶっこく》である。仏国が、どうして衰微《すいび》することがあるだろうか。

十方《じっぽう》の国土は、ことごとく宝土《ほうど》である。宝土が、どうして破壊《はかい》されることがあるだろうか。

こうして国土が衰微《すいび》することなく破壊《はかい》されることがなければ、身は安全であり、心は動《どう》揺《よう》せず安定しているだろう。これらの言葉を信じて敬《うやま》わなければならない。

解説

主人《しゅじん》の結論として「立正安国《りっしょうあんこく》」の原理が示《しめ》されている一節《いっせつ》である。

人間の根源《こんげん》の苦悩《くのう》を救《すく》う

これまで見てきた大集経《だいじっきょう》・仁王経《にんのうきょう》・法華経・涅槃経《ねはんぎょう》の文《もん》だけでなく、その他の多くの経《きょう》を見ても、一貫《いっかん》して謗法《ほうぼう》が戒《いまし》められているにもかかわらず、人々は皆《みな》、邪法《じゃほう》にとらわれて謗法を犯《おか》し、迷《まよ》いと苦悩《くのう》に沈《しず》んでいる。

「この朦霧《もうむ》の迷《まよ》い」は、現世《げんぜ》における仏法の正邪《せいじゃ》への迷《まよ》いを、濃《こ》く立ち込める霧《きり》に譬《たと》えて示《しめ》し、「彼《か》の盛焔《じょうえん》の底《そこ》に沈《しず》む」は、死後に堕《お》ちる無間地獄《むけんじごく》の苦しみを、焦熱《しょうねつ》の火炎《かえん》で示《しめ》している。

謗法《ほうぼう》が災難《さいなん》の根本原因であることは、「立正安国論《りっしょうあんこくろん》」の各所《かくしょ》で指摘《してき》されてきたが、ここで改《あらた》めて謗法を戒《いまし》めているのは、それが容易《ようい》に脱却《だっきゃく》しがたい根深《ねぶか》い迷《まよ》いだからである。「邪法《じゃほう》の獄《ごく》」「悪教《あくきょう》の綱《つな》」「謗教《ぼうきょう》の網《あみ》」「朦霧《もうむ》の迷《まよ》い」と強調《きょうちょう》されているのも、そのためである。

この謗法《ほうぼう》による苦しみから脱却《だっきゃく》するには、信仰《しんこう》の一念《いちねん》を改《あらた》める以外にない。生命《せいめい》の奥底《おうてい》を支《し》配《はい》している一念《いちねん》を、転換《てんかん》する以外にないのである。

先《さき》に示《しめ》されたように、人々が念仏《ねんぶつ》を信ずるのは「後生《ごしょう》を恐《おそ》れる」からであった。

つまり、死への不安があるからこそ、慰《なぐさ》めを求《もと》めて、念仏《ねんぶつ》を信じるのである。

しかし、どんなに安心を求《もと》めても今世《こんぜ》では得《え》られないと諦《あきら》め、来世《らいせ》に救《すく》われるのをただ待つだけの無気力《むきりょく》に陥《おちい》ったり、阿弥陀《あみだ》の慈悲《じひ》によって救われるから自身の努力は関係ないと放縦《ほうじゅう》に陥ったりするのが、念仏《ねんぶつ》である。

これに対し、自身に本来具《ほんらいそな》わる「仏」の生命《せいめい》を開き、今世《こんぜ》において無上《むじょう》の幸福境涯《きょうがい》を築《きず》くことができるという「一生成仏《いっしょうじょうぶつ》」を説《と》いたのが、法華経である。

そして「生きていること自体《じたい》が楽《たの》しい」「生《せい》も歓喜《かんき》、死《し》も歓喜《かんき》」との絶対的幸福《ぜったいてきこうふく》の軌道《きどう》へと入《はい》っていけるのが、法華経の精髄《せいずい》である南無妙法蓮華経の大法《だいほう》なのである。

「実乗《じつじょう》の一善《いちぜん》」こそ平和《へいわ》への大道《だいどう》

ゆえに、主人《しゅじん》は最後《さいご》に、客《きゃく》に対してこう勧《すす》める。

「汝《なんじ》、早《はや》く信仰《しんこう》の寸心《すんしん》を改《あらた》めて、速《すみ》やかに実乗《じつじょう》の一善《いちぜん》に帰《き》せよ」と。

「信仰《しんこう》の寸心《すんしん》」と仰《おお》せになっているのは、天変地異《てんぺんちい》は国土全体に及《およ》んでいるが、それを転換《てんかん》する根本の方途《ほうと》は、私たち人間の「心」、信仰《しんこう》の「一念《いちねん》」を改《あらた》めることにあるとの仰《おお》せと拝《はい》せよう。

すべての現実変革《げんじつへんかく》は、一人の人間革命に始まるのである。

また「実乗《じつじょう》の一善」とは、帰依《きえ》すべき「正法」を示《しめ》している。

「実乗《じつじょう》」とは法華経であり、「一善《いちぜん》」とは「唯一《ゆいいつ》の善《ぜん》」「根本の善」という意味《いみ》である。すなわち、人間に真の幸福をもたらす、法華経の肝要《かんよう》である妙法こそが根本の善の教えであり、「実《じつ》乗《じょう》の一善《いちぜん》」である。

「立正安国論《りっしょうあんこくろん》」では、謗法《ほうぼう》、特に念仏《ねんぶつ》の破折《はしゃく》に重点《じゅうてん》が置《お》かれ、帰依《きえ》すべき「正法」については、わずかに「実乗《じつじょう》の一善《いちぜん》」と表現《ひょうげん》されているだけであるが、これが南無妙法蓮華経の意《い》であることはいうまでもない。

さらに「信仰《しんこう》の寸心《すんしん》を改《あらた》めて」が破邪《はじゃ》、「実乗《じつじょう》の一善《いちぜん》に帰《き》せよ」が顕正《けんせい》となり、両者《りょうしゃ》を合わせて「立正《りっしょう》」である。

そして、正法を根本とした時（「立正《りっしょう》」）、私たちの住《す》む現実《げんじつ》の世界が、そのまま永遠不滅《えいえんふめつ》の仏国土《ぶっこくど》となること（「安国《あんこく》」）を示《しめ》される。

万人《ばんにん》が幸福な「宝土《ほうど》」を

「しからば則《すなわ》ち、三界《さんがい》は皆仏国《みなぶっこく》なり」と仰《おお》せの「三界」とは、欲界《よっかい》・色界《しきかい》・無色界《むしきかい》をいうが、要《よう》は現実の社会のことと解釈《かいしゃく》できる。

「仏国《ぶっこく》」とは仏の国であるが、それは、仏法の精神《せいしん》が、その基調《きちょう》として脈々《みゃくみゃく》と貫《つらぬ》かれている社会のことである。個人が、自立《じりつ》の生命力《せいめいりょく》を得《え》て、生命尊厳《そんげん》と自他共《じたとも》の幸福の実現という思想《しそう》が重《おも》んじられる社会である。

その社会は、生命《せいめい》を何より尊重《そんちょう》していく最高《さいこう》の文化社会であるゆえに、絶対《ぜったい》に衰《おとろ》えることはないのであり、悲惨《ひさん》な災難や争乱《そうらん》の連鎖《れんさ》を解決《かいけつ》する理想的な社会であるといえよう。

「仏国《ぶっこく》それ衰《おとろ》えんや」と仰《おお》せのように、「仏国」すなわち一人一人が尊極《そんごく》の人間として振《ふ》る舞《ま》う国土に衰亡《すいぼう》はないのである。

また「十方《じっぽう》はことごとく宝土《ほうど》なり」と仰《おお》せになっている。十方とは、東西南北の四方《しほう》と東《とう》南《なん》・西南《せいなん》・東北《とうほく》・西北《せいほく》の四維《しい》と上下《じょうげ》のことであり、全世界、さらにいえば全宇宙を意味する。「宝土《ほうど》」とは、宝の国土ということで、自然環境全体《しぜんかんきょうぜんたい》・宇宙全体が生きとし生けるものに豊《ゆた》かな恵《めぐ》みをもたらしてくれる世界になるとの意《い》であるといえよう。この宝土もまた壊《こわ》れることがないのである。

すなわち、人間同士《どうし》、また人間と自然《しぜん》との豊《ゆた》かな調和《ちょうわ》と創造《そうぞう》を、支《ささ》え生《う》み出《だ》す根源《こんげん》の一法《いっぽう》こそ、宇宙と生命《せいめい》を貫《つらぬ》く南無妙法蓮華経なのである。

最後に、「国《くに》に衰微《すいび》無《な》く土《ど》に破壊《はえ》無《な》くんば、身《み》はこれ安全《あんぜん》、心《こころ》はこれ禅定《ぜんじょう》ならん」との仰《おお》せは、国土・社会が安穏《あんのん》であってこそ、個人も幸福を満喫《まんきつ》できることを教えられている。

社会全体が生命《せいめい》の尊厳《そんげん》に目覚《めざ》め、利他《りた》の心を働《はたら》かせていく国土にあってこそ、社会の繁栄《はんえい》と個人の幸福を同時にもたらすことができるのである。

ここで「禅定《ぜんじょう》」とあるのは、心を静《しず》めて深く思索《しさく》することであり、また、その結果《けっか》として得《え》られる幸福に満《み》ちた安心立命《あんしんりつめい》の境涯《きょうがい》をいう。しかし、単《たん》に何もない平穏《へいおん》な状態《じょうたい》の中で安住《あんじゅう》するという意味《いみ》ではない。

いかなる苦難《くなん》にも動《どう》じない強靱《きょうじん》な精神《せいしん》が真《しん》の禅定《ぜんじょう》であり、また、人々の幸福、平和の社会を建設《けんせつ》するために、どんな困難《こんなん》にもひるまずに戦っていける確固《かっこ》たる心こそ禅定である。

平和とは、自己の生命をよりよき方向《ほうこう》へと常《つね》に向上《こうじょう》させていくことであり、その精神《せいしん》を一人からまた一人へと広げていく連続闘争《れんぞくとうそう》である。ゆえに、対話こそ平和の武器《ぶき》である。

「一人の人間における偉大《いだい》な人間革命は、やがて一国《いっこく》の宿命《しゅくめい》の転換《てんかん》をも成《な》し遂《と》げ、さらに全《ぜん》人類《じんるい》の宿命《しゅくめい》の転換《てんかん》をも可能《かのう》にする」――小説『人間革命』の「はじめに」につづられたこの信念《しんねん》を胸《むね》に、池田先生と共に善《ぜん》の語らいを広げる青年部をはじめ学会員の日々の行動《こうどう》こそ、平和に直結《ちょっけつ》する「立正安国《りっしょうあんこく》」の大道《だいどう》なのである。

◆池田先生の指針から（小説『新・人間革命』第4巻「立正安国」の章）

「実乗《じつじょう》の一善《いちぜん》」とは、実大乗教《じつだいじょうきょう》たる法華経であり、一切衆生《いっさいしゅじょう》は本来《ほんらい》、仏なりと教える、最高の人間尊厳《そんげん》の大法《だいほう》である。そして、一人ひとりの人間が、この妙法《みょうほう》に則《のっと》って、胸中《きょうちゅう》の仏の生命を開いていく時、その人の住《す》む場所も、仏国土《ぶっこくど》と輝《かがや》いていくのである。

つまり、時代、社会の創造《そうぞう》の主体《しゅたい》である、一人ひとりの人間の内発性《ないはっせい》の勝利を打ち立て、社会の繁栄《はんえい》と平和を創造していこうとするのが日蓮仏法である。そして、その原理を説《と》き明《あ》かしたのが、この「立正安国論《りっしょうあんこくろん》」であった。

衆生に仏を見る仏法は、すべての人間に絶対《ぜったい》の尊厳性《そんげんせい》と無限《むげん》の可能性《かのうせい》を見いだす。それは、揺《ゆ》るがざる民主《みんしゅ》の基盤《きばん》を形成《けいせい》する哲理《てつり》となるにちがいない。また、自《みずか》らに内在《ないざい》する仏の生命を顕《あらわ》していくということは、他者《たしゃ》への慈悲《じひ》の心を育《はぐく》むことでもある。

いわば、「実乗《じつじょう》の一善《いちぜん》に帰《き》せよ」とは、「偏頗《へんぱ》な生命観、人間観を排《はい》して、生命の尊厳に立ち返れ」「エゴを破《やぶ》り、慈悲《じひ》を生き方の規範《きはん》にせよ」「真実《しんじつ》の人間主義《しゅぎ》に立脚《りっきゃく》せよ」との指南《しなん》といってよい。ここに、人類の繁栄と世界の平和のための、普遍《ふへん》の哲理がある。

第10段　領解《りょうかい》して立正安国《りっしょうあんこく》を誓《ちか》う

（新45ページ・全32～33ページ）

第47章　客《きゃく》「私も共に戦おう」

（新45ページ10行目～16行目）
（全32ページ18行目～33ページ4行目）

客曰《きゃくい》わく、今生《こんじょう》・後生《ごしょう》、誰《たれ》か慎《つつし》まざらん。誰《たれ》か和《したが》わざらん。この経文《きょうもん》を披《ひら》いてつぶさに仏語《ぶつご》を承《うけたまわ》るに、誹謗《ひぼう》の科至《とがいた》って重《おも》く、毀法《きほう》の罪誡《つみまこと》に深《ふか》し。我一仏《われいちぶつ》を信《しん》じて諸仏《しょぶつ》を抛《なげう》ち、三部経《さんぶきょう》を仰《あお》いで諸経《しょきょう》を閣《さしお》きしは、これ私曲《しきょく》の思《おも》いにあらず、則《すなわ》ち先達《せんだつ》の詞《ことば》に随《したが》いしなり。十方《じっぽう》の諸人《しょにん》もまたまたかくのごとくなるべし。今世《こんぜ》には性心《しょうしん》を労《ろう》し、来生《らいしょう》には阿鼻《あび》に堕《お》ちんこと、文明《もんあき》らかに理詳《りつまび》らかなり。疑《うたが》うべからず。いよいよ貴公《きこう》の慈誨《じかい》を仰《あお》ぎ、ますます愚客《ぐきゃく》の癡心《ちしん》を開《ひら》けり。速《すみ》やかに対治《たいじ》を廻《めぐ》らして早《はや》く泰平《たいへい》を致《いた》し、まず生《せい》前《ぜん》を安《やす》んじてさらに没後《ぼつご》を扶《たす》けん。ただ我《わ》が信《しん》ずるのみにあらず、また他《た》の誤《あやま》りをも誡《いまし》めんのみ。

通解

客《きゃく》は言った。

今生《こんじょう》のことも後生《ごしょう》のことも、誰《だれ》が身を慎《つつし》まないことがあるだろうか。誰《だれ》が心穏《こころおだ》やかでいられるだろうか。

この経文を開いて詳《くわ》しく仏の言葉《ことば》を承《うけたまわ》ってみると、正法を誹謗《ひぼう》する罪《つみ》はいたって重《おも》く、正法を破壊《はかい》する罪はまことに深《ふか》い。私が阿弥《あみ》陀仏《だぶつ》だけを信じて諸仏《しょぶつ》を抛《なげう》ち、浄土《じょうど》の三部経《さんぶきょう》（＝無量寿経《むりょうじゅきょう》・観無量寿経《かんむりょうじゅきょう》・阿弥陀経《あみだきょう》）を仰《あお》いで諸経《しょきょう》を閣《さしお》いたのは、自分勝手《じぶんかって》な思いからではなく、先達《せんだつ》の言葉《ことば》に従《したが》っただけである。いずれの人々もまた同じであるにちがいない。

今生《こんじょう》には仏性《ぶっしょう》を具《そな》えている心を消耗《しょうもう》させ、来世《らいせ》には阿鼻地獄《あびじごく》に堕《お》ちてしまうことは、経文に明《あき》らかであり、その道理もつまびらかである。疑《うたが》うことはできない。あなた（主人《しゅじん》）の慈悲《じひ》あふれる訓戒《くんかい》を、いよいよ仰《あお》ぎ、ますます自分の愚《おろ》かな心を開くことができた。速《すみ》やかに謗法《ほうぼう》を滅《めっ》する方策《ほうさく》を施《ほど》し、早く天下泰平《たいへい》を実現《じつげん》し、まず生前《せいぜん》を安穏《あんのん》なものとして、さらに没後《ぼつご》も救《すく》われるものにしていきたい。

ただ自分一人が信じるだけではなく、他の人々の誤《あやま》りをも制止《せいし》していこう。

解説

第10段は、客《きゃく》の言葉《ことば》だけで主人《しゅじん》の答えはない。

客《きゃく》は今までの主人《しゅじん》の教えを聞いて、自《みずか》らが謗法《ほうぼう》の罪《つみ》に陥《おちい》った理由を自覚して反省《はんせい》するとともに、正法に帰依《きえ》し、自分と同じように邪義《じゃぎ》に惑《まど》わされている世の多くの人々を覚醒《かくせい》させる実践《じっせん》に励《はげ》むことを誓《ちか》う。

客《きゃく》が心から納得《なっとく》して立正《りっしょう》を決意《けつい》

客《きゃく》は、今生《こんじょう》・後生《ごしょう》のことを思えば、謗法《ほうぼう》を避《さ》け正法に従《したが》わないわけにはいかないとし、主人《しゅじん》が示《しめ》した経文に照《て》らし、正法を誹謗《ひぼう》する罪《つみ》はいたって重《おも》く、正法を破壊《はかい》する罪は実に深《ふか》いことが分《わ》かったと、心からの納得《なっとく》を表明《ひょうめい》する。

また、これまで阿弥陀仏《あみだぶつ》を信じて諸仏《しょぶつ》を抛《なげう》ち、浄土教《じょうどきょう》の三部経《さんぶきょう》を崇拝《すうはい》して諸経《しょきょう》を閣《さしお》いたのは、自分が仏法を学んで得《え》た結論ではなく、「先達《せんだつ》」すなわち法然《ほうねん》らの言葉《ことば》に安易《あんい》に従《したが》ったためである。誤《あやま》りである念仏信仰《ねんぶつしんこう》のために、今世《こんぜ》は絶《た》え間《ま》なく心を苦しめるだけの空転《くうてん》と悲哀《ひあい》の人生になり、来世《らいせ》は無間地獄《むけんじごく》に堕《お》ちることが経文によっても道理においても明《あき》らかであり、疑《うたが》うことはできないと述《の》べる。

そして、主人《しゅじん》の慈悲《じひ》あふれる教えを聞くことによって、自分の愚《おろ》かな心を開くことができたので、速《すみ》やかに謗法《ほうぼう》を対治《たいじ》して、今の社会を安定させ今世《こんぜ》と来世《らいせ》の安穏《あんのん》を祈《いの》っていこうと決意《けつい》するのである。

一人から一人への拡大《かくだい》が安国《あんこく》へ

最後に客《きゃく》は「ただ自分一人が信じるだけではなく、他の人々の誤《あやま》りをも制止《せいし》していこう」と誓《ちか》う。

真《しん》の納得《なっとく》は行動を生《う》む。自他共《じたとも》の幸福という「立正安国《りっしょうあんこく》」の本義《ほんぎ》を知り、そのことが自身の使命《しめい》の自覚《じかく》と誓《ちか》いへと昇華《しょうか》していった時、その誓いは、自身の境涯《きょうがい》を大きく広げ、人々に正法を語《かた》り広げていく原動力《げんどうりょく》となるのである。

「立正《りっしょう》」とは、「安国《あんこく》」が達成《たっせい》されるまで、どこまでも貫《つらぬ》いていく不撓不屈《ふとうふくつ》の行動ともいえよう。「立正安国論《りっしょうあんこくろん》」が「主人《しゅじん》の言葉《ことば》」ではなく「客《きゃく》の誓《ちか》い」で結《むす》ばれていることは、とりもなおさず、「立正安国」に立ち上がる弟子《でし》が陸続《りくぞく》と師の行動に続いていかねばならないとの、広宣流布の原理を示《しめ》している。

まさしく「立正安国《りっしょうあんこく》」とは、一人一人が自身の人間革命に挑戦《ちょうせん》し、社会の繁栄《はんえい》と世界の平和を創造《そうぞう》する主体者《しゅたいしゃ》として立ち上がることが根本なのである。

◆池田先生の指針から

「立正安国《りっしょうあんこく》」は、生命《せいめい》の根本的な濁《にご》りを浄化《じょうか》して、人間社会全体の安全を実現していく最《もっと》も根源的な平和哲学です。

そうした哲学が、日本一国に限定《げんてい》されるはずがない。世界の平和と人類の幸福を実現していくことが、私たちの仏法運動の目的です。「暴力《ぼうりょく》と恐怖《きょうふ》の世界」に転落《てんらく》していくのか、「平和と安穏《あんのん》の世界」を構築していくのか、人類は今、重大な岐路《きろ》に立たされている。

戦争という人類の宿痾《しゅくあ》（持病）を乗り越えて、地球規模《きぼ》の「立正安国《りっしょうあんこく》」を実現しなければならない。そのために、人間それ自身の変革《へんかく》から出発しなければならない。

「一人の偉大な人間革命から、全人類の宿命転換《しゅくめいてんかん》を実現する」——その壮大《そうだい》なる革命の最前線に、私たちは立っているのです。（『御書の世界』第1巻）

◇

客《きゃく》の清々《すがすが》しい決意で結《むす》ばれた「立正安国論《りっしょうあんこくろん》」。そこから学ぶべき点は、一つの対話の終わりは、新たなる対話への出発であるということにほかなりません。

仏法は、「対話の力《ちから》」を確信しています。

語り合ったその時には、目に見える結果が無《な》くとも、必《かなら》ず相手の仏性《ぶっしょう》は発動《はつどう》しています。「仏種《ぶっしゅ》は縁《えん》に従《よ》って起《おこ》る是《こ》の故《ゆえ》に一乗《いちじょう》を説《と》くなるべし」（全1467ジペー・新1953ジペー）です。仏の生命を開き現《あらわ》すには、妙法《みょうほう》という最高の縁をもって働きかけるしかありません。妙法を持《たも》った私たちが真実を語った分だけ、仏縁《ぶつえん》が拡大されるのです。（『勝利の経典「御書」に学ぶ』第22巻）

◇

「立正安国《りっしょうあんこく》」とは、即《そく》「世界平和」にほかなりません。

私たちは、どこまでも「対話」という平和的手段で、善《ぜん》の連帯《れんたい》を広げていくのです。

この私たちの対話は、人間の力《ちから》を復興《ふっこう》する戦いです。

私たちの対話が、社会を変え、世界を結び、未来を創《つく》ります。

私たちの対話には、希望があります。

生命の可能性を開く蘇生《そせい》の力《ちから》があります。

勝利と勇気と確信があります。

「人間を信ずる力《ちから》」によって民衆の時代を築くのが、私たちの「立正安国《りっしょうあんこく》」の対話なのです。


（『勝利の経典「御書」に学ぶ』第22巻）

世界広布の翼を広げて
教学研鑽のために——立正安国論（第2版）

二〇二三年六月六日　発　行

編　者　創価学会教学部
発行者　松　岡　資
発行所　聖　教　新　聞　社
〒一六〇—八〇七〇　東京都新宿区信濃町七
電話　〇三—三三五三—六一一一（代表）

印刷・製本　図書印刷株式会社

ISBN978-4-412-01699-6